Hermann Ferdinand Hitzig

Injuria

Beiträge zur Geschichte der Injuria im griechischen und römischen Recht

Hermann Ferdinand Hitzig

Injuria

Beiträge zur Geschichte der Injuria im griechischen und römischen Recht

ISBN/EAN: 9783743652309

Hergestellt in Europa, USA, Kanada, Australien, Japan

Cover: Foto ©Suzi / pixelio.de

Weitere Bücher finden Sie auf **www.hansebooks.com**

INJURIA.

BEITRÄGE

ZUR

GESCHICHTE DER INJURIA

IM

GRIECHISCHEN UND RÖMISCHEN RECHT

VON

HERMANN FERDINAND HITZIG.

MÜNCHEN.
THEODOR ACKERMANN
KÖNIGLICHER HOF-BUCHHÄNDLER
1899.

Gustav Vogt

dem Lehrer und Collegen

in Verehrung

gewidmet

14. Juli 1899.

Vorwort.

An Abhandlungen über die Injuria im griechischen und römischen Rechte fehlt es nicht. Es genügt, für das griechische Recht an die Arbeiten von Hermann und Mücke, für das römische Recht an diejenigen von Ihering und Landsberg zu erinnern. Man hat aber bisher nicht versucht, das Dunkel, in das die Geschichte des römischen Instituts hier und dort noch gehüllt ist, durch eine Heranziehung des griechischen Instituts zu erhellen. Die folgenden Blätter sind einem solchen Versuch gewidmet. Ich hoffe, durch die Vergleichung der beiden Institute die eine und andere Frage, vorab die Frage nach dem Ursprung der actio injuriarum aestimatoria gefördert zu haben. Eine erschöpfende Behandlung aller einschlägigen Probleme lag nicht in meiner Absicht.

Zürich, Ostern 1899.

H. F. Hitzig.

Verzeichnis der Abkürzungen.

Beauchet. L. Beauchet, Histoire du droit privé de la république athénienne, 4 Bände, Paris 1897.
Gilbert. G. Gilbert, Beiträge zur Entwicklungsgeschichte des griechischen Gerichtsverfahrens, Jahrb. f. class. Philologie, Suppl. Bd. XXIII (1896) p. 446—535.
Gortyn, Tafel von. Zitiert nach Bücheler und Zitelmann. Rhein. Mus. XL.
Heffter. A. W. Heffter, die athenaeische Gerichtsverfassung 1822.
Hermann. C. Fr. Hermann, symbolae ad doctrinam juris Attici de injuriarum actionibus. Ind. schol. Gott. aest. 1847.
Lex Seguer. Lexika Segueriana, abgedruckt bei J. Bekker, anecdota graeca I, Berlin 1814.
Meier-Schömann-Lipsius. Meier und Schömann, der attische Prozess, neu bearbeitet von J. H. Lipsius, zwei Bände, Berlin 1883—1887.
Mücke. A. R. Mücke, de injuriarum actione ex jure Attico gravissima. Diss. Götting. 1872.
Pauly-Wissowa. Pauly's Real-Encyclopaedie der classischen Altertumswissenschaft, neu bearbeitet von Georg Wissowa.
Platner, Prozess. Platner, Prozess und Klagen bei den Attikern, 2 Bde., 1824. 1825.
Recueil. Recueil des inscriptions juridiques grecques; texte, traduction, commentaire, par R. Dareste, B. Haussoullier, Th. Reinach, I. Serie, 3 Bde 1891. 1892. 1894; II. Serie, bis jetzt 1 Bd. 1898. Paris.
Thonissen. J. J. Thonissen, le droit pénal de la république Athénienne. Paris 1875.

Cap. I. Injuria im griechischen Recht.

Die nachfolgenden Erörterungen sollen sich mit der Frage beschäftigen: welche rechtliche Behandlung erfahren im griechischen Recht Thatbestände, die im classischen römischen Recht unter den Begriff der injuria fallen? Die Frage wird in den drei folgenden Kapiteln gelöst durch eine Untersuchung der allein in Betracht kommenden drei Klagen des attischen Rechts: δίκη αἰκίας, δίκη κακηγορίας, γραφὴ ὕβρεως. Drei Klagen des attischen Rechts. Damit ist bereits gesagt, dass für die Rechtsentwicklung ausserhalb Attikas die Quellen keine oder nur überaus spärliche Ausbeute gewähren. Was in Berücksichtigung kommen kann, sei hier kurz der Untersuchung des attischen Rechts vorausgeschickt.

Auf den sagenhaften Gesetzgeber und unterirdischen Richter Rhadamanthys wird der allgemeine Gedanke der Wiedervergeltung zurückgeführt[1], an den die Philosophie des Pythagoras anknüpft.

Die Gesetzgebung des Zaleukos[2] (um die Mitte des siebenten Jhdt. v. Chr.) in Lokroi enthielt eine Bestimmung über Schmähreden[3], und ordnete für Körperverletzung Talion

[1] Aristot. Nik. Eth. V, 5, 5 (p. 1132 b) τὸ 'Ραδαμάνθυος δίκαιον · εἴ κε πάθοι τά κ' ἔρεξε, δίκη κ' ἰθεῖα γένοιτο. Vgl. Günther, Idee der Wiedervergeltung I p. 84 ff. und die dort Citierten.
[2] Ueber seine Gesetzgebung im allgemeinen Leist, graecoital. Rechtsgesch. p. 576.
[3] Erwähnt bei Stob. Serm. XLIV 21, abgedruckt unten p. 23 N. 2.

an[1]: wer dem anderen ein Auge ausschlägt, soll sein eigenes Auge zum ausschlagen herhalten (παρασχεῖν ἀντεκκόψαι). Ein späteres Gesetz bedrohte den, der einen Einäugigen um das Auge brachte, mit dem Verlust beider Augen[2]. — Dasselbe Gesetz wird auch dem Charondas[3] aus Katania zugeschrieben[4]; ein — anscheinend auf der Insel Kos geltender — νόμος αἰκείης dieses Gesetzgebers wird bei Herondas, Mimiamben II 45 ff. verlesen[5]; wie weit der Text richtig wiedergegeben, wieweit er spöttisch entstellt ist, lässt sich nicht ermitteln.

Das Gesetz sieht für verschiedene Tatbestände Geldstrafen (keine Spur von Talion!) vor: die doppelte aestimatio zahlt, wer eine Sklavin schlägt (αἰκίζειν) oder zu sich nimmt; eine Mine, wer eine Thüre einschlägt, eine andere, wer mit der Faust prügelt; tausend Drachmen, wer ein Haus anzündet oder die Grenzmarken überschreitet; das doppelte, wenn er einen Schaden anrichtet. — Hippodamos von Milet anerkannte nur drei Gegenstände der Gesetzgebung: ὕβριν, βλάβην, θάνατον[6]. — Die Gesetzgebung des Lykur-

---

[1] Demosth. g. Timokr. 140 (744).

[2] Das Gesetz mit diesem Nachtrag wird von Diogenes Laertios I 57 sogar für die solonische Gesetzgebung in Anspruch genommen. Mit der Art, wie Demosthenes über das Gesetz des Zaleukos referiert, ist dies schlechterdings nicht vereinbar.

[3] Ueber seine Gesetzgebung im allg. s. Leist a. a. O. p. 577.

[4] Diodor XII 17. — Auch von Lykurgos wird bei Plutarch (Lyk. c. XI) ein solcher Blendungsfall erzählt, ohne dass angegeben wäre, welche Strafe seine Gesetzgebung vorsah. Die Zeugen der That lieferten den Thäter (Alkandros) dem verletzten Lykurgos aus; dieser nahm ihn in sein Haus, that ihm aber nichts zu leide (κακὸν οὐδὲν οὔτ' ἐποίησεν οὔτ' εἶπεν), sondern machte ihn nur zu seinem Diener ἐκέλευσεν ὑπηρετεῖν. — Mit diesem Vorfall möchte ich in Verbindung bringen Quint. declam. II 297: „qui excaecaverit aliquem aut talionem praebeat aut excaecati dux sit."

[5] S. dazu den Commentar von O. Crusius p. 34 ff.

[6] Arist. Pol. II 5 p. 1267 b.

gos kennen wir nicht; wahrscheinlich war Talion vorgesehen[1]. —

A. Die δίκη αἰκίας.

1. Das Gesetz[2] über die αἰκία[3] ist uns im Wortlaut nicht überliefert; es ist aber sicher, dass es von Schlägen (τύπτειν, πατάσσειν) sprach und den mit Strafe bedrohte, der mit den widerrechtlichen Thätlichkeiten begonnen hatte (ἄρχειν χειρῶν ἀδίκων).

Hauptquelle bilden die Reden des Demosthenes gegen Konon (LIV) und des Isokrates gegen Lochites (XX), zwei Anklagereden in αἰκία-Prozessen; erstere ein dramatisch bewegtes Plaidoyer mit eindringlicher Schilderung des Thatbestandes; letztere eine allgemein gehaltene, den Thatbestand nur andeutende Declamation über die Zweckmässigkeit der Bestrafung der αἰκία. Dazu kommt Demosthenes' Rede gegen Euergos und Mnesibulos (XLVII), gehalten in einem Nachverfahren wegen falschen Zeugnisses zu einem αἰκία Prozess[4].

Das Gesetz scheint schlechthin von Schlägen (πληγαί — τύπτειν, πατάσσειν) gesprochen zu haben[5], ohne zwischen verschiedenen Arten von Schlägen und Wunden zu unterscheiden und ohne rücksichtlich der Schwere der Verletzung

---

[1] Es wird ihm als Verdienst angerechnet, dass er dem Alkandros, der ihm überantwortet wurde, nichts zu leide that, s. o. p. 2 N. 4.

[2] Es wird immer nur ein Gesetz erwähnt; Demosth. g. Meid. 35, 525: ὁ τῆς αἰκίας νόμος; Isokr. g. Lochit.: τοῦτον τὸν νόμον — τὸν ὑπὲρ τῶν σωμάτων τῶν ὑμετέρων κείμενον.

[3] Sprachlich ist αἰκία = ἀ-είκεια Unbill, Ungehörigkeit. — Die Etymologie weist nicht auf körperliche Misshandlung hin. Aber schon Homer gebraucht das Wort mit Vorliebe dafür.

[4] Andere Reden s. Meier-Schömann-Lipsius II p. 646. Ob Lysias' Rede gegen Tisis, deren Fragmente bei Sauppe, fragm. orat. Attic. p. 205 ff. zusammengestellt sind, auf eine δίκη αἰκίας oder auf eine γραφὴ ὕβρεως zu beziehen ist, lässt sich nicht entscheiden.

[5] Lex Seguer. (bei Bekker anecd. graec. I) p. 355. 356: δίκη ἰδιωτικὴ ἐπὶ πληγαῖς λαγχανομένη.

Minimalerfordernisse aufzustellen[1]. So stehen leichte neben schweren Fällen. In Demosthenes' Rede gegen Euergos und Mnesibulos wird eine αἰκία in einem Faustschlag auf den Mund gefunden (38, 1150), die Verletzung war jedenfalls eine ganz leichte, da Demosthenes sonst gewiss nicht unterlassen hätte, sich über diesen Punkt ausführlicher auszusprechen. Viel schlimmer hatten Konon und sein Sohn ihrem Gegner mitgespielt; sie fielen ihn Abends an, rissen ihm die Kleider vom Leib, stiessen ihn in den Koth, stampften ihn mit den Füssen und misshandelten ihn derart, dass ihm die Lippen zerquetscht wurden und die Augen anschwollen, heftige Brust- und Unterleibsschmerzen entstanden und der Arzt das Leben für gefährdet erklärte (8, 1259; 11, 1260; 41, 1270).

Mit dem Thatbestand der αἰκία kann zugleich derjenige der ὕβρις gegeben sein. S. hierüber unten p. 39 — Schläge können auch unter die gesetzlichen Bestimmungen über das τραῦμα ἐκ προνοίας fallen; letzteres setzt aber voraus, dass es zu einer wirklichen Verwundung (τραῦμα) gekommen ist; dass der Schlag in tötlicher Absicht erteilt wurde und der Erfolg hinter der Absicht zurückblieb (Mordversuch)[2]. Im Falle des τραῦμα ἐκ προνοίας gewährt das attische Recht eine öffentliche Klage; Strafe: Verbannung und Confiscation[3]. — Plato vereinigt τραῦμα ἐκ προνοίας und αἰκία unter den Oberbegriff der βίαια (Gewaltthätigkeiten)[4].

2. Voraussetzung der Klage ist, dass der An-

---

[1] Damit verträgt sich natürlich die Versicherung des Demosthenes (g. Kon. 13, 1261), dass der geschlagene οὐ μετρίας τινὰς καὶ φαύλας πληγὰς erhalten habe. — Dass eine blosse Ohrfeige genügte, ergibt Demosth. g. Meid. 35 (525).
[2] Lysias g. Sim. (III) 41; 42: ὅσοι ἐπιβουλεύσαντες ἀποκτεῖναί τινας ἔτρωσαν, ἀποκτεῖναι δὲ οὐκ ἐδυνήθησαν, vgl. Philippi, der Areopag p. 28. Pernice, Ztsch. d. Savigny-Stiftung XVII p. 233. Gilbert, Beiträge p. 520.
[3] Philippi l. c. p. 113 ff.
[4] Plato, Gesetze IX 879 B, 884.

geklagte zuerst geschlagen hat, ἦρξε χειρῶν ἀδίκων[1]. Die Worte fanden sich zweifellos im Gesetz; die Formel ist alt; die Ueberlieferung schreibt ihr unvordenkliches Alter zu, wenn sie sie auf ein Gesetz des Rhadamanthys zurückführt[2].

Der Gesetzgeber denkt an den Fall, wo Schläge sofort[3] wieder mit Schlägen erwidert werden; der zuerst geschlagene erhält die δίκη αἰκίας und geht selbst straflos aus. Es liegt nahe — und es scheint dies die gewöhnliche Annahme zu sein — die Bestimmung auf die Idee der Notwehr zurückzuführen: es liegen zwei Körperverletzungen vor, von denen die zweite durch Notwehr entschuldigt ist. Man kann sich für diese Annahme auf Demosthenes' Rede gegen Aristokrates berufen, wo demjenigen der ἄρχων χειρῶν ἀδίκων schlägt (τύπτει), der ἀμυνόμενος (εἴ γε ἠμύνατο), also der sich wehrende, gegenübergestellt wird; ersterer wird bestraft, letzterer begeht kein Unrecht, οὐκ ἀδικεῖ (50, 635). Auch in der Rede gegen Euergos und Mnesibulos fühlt sich der Sprecher veranlasst, ausdrücklich zu erklären, dass er zuerst geschlagen worden sei und selbst nur zur Abwehr geschlagen habe; dabei habe er die Anwesenden als Zeugen angerufen[1]. Für die Erklärung aus dem Gesichtspunkt der Notwehr spricht auch, dass im drakontischen Tötungsgesetz

---

[1] Vgl. z. B. Isokr. g. Lochit. 1. Demosth. g. Aristokr. 50 (635); g. Kon. 28 (1265). g. Euerg. u. Mnesib. 15 (1143); 36 (1150). Arist. Rhet. II 24, 9.

[2] Bei Apollodor II 4, 9 beruft sich Herakles, der den Linos erschlagen hat, von diesem aber zuerst geschlagen worden war, auf einen νόμος Ῥαδαμάνθυος λέγοντος, ὃς ἂν ἀμύνηται τὸν χειρῶν ἀδίκων ἄρξαντα, ἀθῷον εἶναι.

[3] Ausdrücklich ist freilich nirgends gefordert, dass die Schläge sofort erwidert werden; aber es ist wohl überall vorausgesetzt. Vgl. εὐθὺς ἀμυνόμενος κτείνῃ bei Demosth. g Aristokr. 60, (639).

[4] Demosth. l. c. 38 (1150): εἰσιόντος δέ μου παίει πὺξ ὁ Θεόφημος τὸ στόμα καὶ ἐγὼ ἐπιμαρτυράμενος τοὺς παρόντας ἠμυνάμην.

die Worte ἄρχειν χειρῶν ἀδίκων, soweit sie dort hinlänglich beglaubigt sind[2], auf Notwehr bezogen werden müssen. Anderes spricht aber gegen eine solche Erklärung. Zunächst tritt gerade bei den Plaidoyers in αἰκία-Prozessen der Gesichtspunkt der Notwehr durchaus zurück. Die Redner urgieren in keiner Weise die Notwendigkeit der Gegenwehr, die Nähe und Grösse der Gefahr, die Erheblichkeit des Angriffs. Wichtiger und entscheidend ist, dass die Worte selbst in keiner Weise auf Notwehr hindeuten; nur auf das Beginnen wird abgestellt. Der Gesetzgeber denkt sich die beidseitigen Thätlichkeiten als einen Complex von Schlägen und bestraft nur den, der begonnen hat. Zudem ist ausdrücklich überliefert (lex. Seguer. p. 217), dass die Redner ἀμύνεσθαι auch einfach im Sinn von Wiedervergelten (ἀντιπράττειν τοὺς κακόν τι προδιαθέντας) verwenden. Für

---

[1] Das inschriftlich erhaltene Gesetz C. I. A. I 61 (= Recueil II Ser. 1 p. 1 ff.) enthält an einer lückenhaften Stelle wenigstens einige Buchstaben, die sich zu diesen Worten ergänzen lassen, in § 8: [ἐὰν δέ τις ἄρξαντ]α χε[ρ]ῶ[ν ἀδίκων κτλ. Dass das Gesetz wirklich eine solche Bestimmung enthalten habe, wird durch das mehrfache Vorkommen der Worte in Tötungsprozessen wahrscheinlich. Die Bedenken von Thalheim (p. 127 N. 3.) erledigen sich durch das bei Dittenberger (Hermes XXXII, 1897, p. 6 N. 1) gesagte. Letzterer hat nachgewiesen, dass die dem Antiphon zugeschriebenen Tetralogieen nicht als zuverlässige Quellen des attischen Rechtes gelten können. Da der Verfasser der Tetralogieen — wie Dittenberger gezeigt hat — den im positiven attischen Recht anerkannten Begriff der gerechten Tötung (φόνος δίκαιος) ignoriert, infolge dessen die Rechtmässigkeit der Tötung in Notwehr nicht zugeben kann, versucht er (IV Γβ), die Befreiung des Thäters in einem solchen Falle auf anderem Wege zu begründen. Er leugnet den Causalzusammenhang: der Thäter ist nicht schuld (αἴτιος, causa fuit) am eingetretenen Tode, sondern der Getötete selbst (1: ἀποθανών αὑτῷ αἴτιος); wenn dieser mit den Thätlichkeiten nicht begonnen hätte, würde sich der Thäter nicht gewehrt und in dieser Abwehr getötet haben (6: οὐ γὰρ ἂν ἠμυνάμην μὴ τυπτόμενος ὑπ' αὐτοῦ). Vgl. E. Szanto, zu den Tetralogieen des Antiphon, i. d. archaeol. epigr. Mitteilg. aus Oesterreich-Ungarn XIX (1896) p. 71 ff. — Die Ausdrücke ἀμύνεσθαι, ἄρχειν χειρῶν ἀδίκων werden trotzdem in IV Γ β verwendet.

ganz aussichtslos halte ich daher die Bemühungen Drerups[1], der jetzt in den Worten ἄρχειν χειρῶν ἀδίκων geradezu eine Definition der Notwehr erblicken will: rechtswidriger (ἄδικος), noch nicht vollendeter (ἄρχων) Angriff (χεῖρες). Das ἄρχειν ist aber zweifellos nicht ein blosses Beginnen der Thätlichkeiten des Angreifers, sondern es bedeutet den Anfang des ganzen Thätlichkeitencomplexes; dies geht mit Deutlichkeit hervor aus der Wiedergabe der Worte ἄρχειν χειρῶν ἀδίκων mit Wendungen wie: πρότερος πληγείς (Demosth. g. Euerg. u. Mnesib. 40, 1151), πρῶτος πατάξας (Demosth. g. Kon. 28, 1265). Das Gesetz will den Anfängen wehren, da die Schlagenden sich leicht zu schweren Verwundungen und Tötungen fortreissen lassen (Demosth. g. Kon. 18, 1262)[2]. —

Man hat sich m. E. für die älteste Zeit einen Rechtssatz zu denken, nach welchem es erlaubt war, Thätlichkeiten auf der Stelle mit Thätlichkeiten zu erwidern, ἀντιποιεῖν; die That des zweiten ist nicht Abwehr, sondern Vergeltung, mag man dieselbe nun mit Leist[3] Individualtimorie oder Selbsthülfe oder anders nennen: die Thätlichkeiten werden gegeneinander wettgeschlagen. Mit dem Aufkommen der staatlichen Strafrechtspflege und speziell mit dem Aufkommen der δίκη αἰκίας erhält sich das ursprüngliche Prinzip von der Straflosigkeit der vergeltenden That; es erscheint jetzt als eine rohe Auffassung und Lösung des Schuldproblems, nach welcher schlechthin der Anfangende schuldig und straffällig, der Erwiedernde entschuldigt und straffrei ist. Der Angegriffene erhält nicht nur die Straffreiheit seiner eigenen That, sondern überdies noch die Strafverfolgung gegen den ersten Angreifer. Man darf sich daher auch nicht darüber verwundern, dass sich gelegentlich die Vorstellung findet, der

---
[1] Engelbert Drerup, über die bei den attischen Rednern eingelegten Urkunden, Jahrb. f. class. Phil. XXIV Suppl. p. 275.
[2] Vgl. Isokr. g. Lochit. 8.
[3] Leist, graecoitalische Rechtsgeschichte p. 308.

zuerst geschlagene erhalte zu der Vergeltung noch ein weiteres hinzu, oder: es sei durch die Gegenschläge noch keine Genugthuung geschehen, noch keine Ausgleichung erfolgt[1].

Die weitere Entwicklung hätte man sich dann so zu denken, dass diese Grundauffassung allmählich einer verfeinerten Auffassung weicht, welche den Notwehrbegriff herausschält[2]. —

Damit beantwortet sich auch eine weitere Frage. Umfasst der Begriff der αἰκία auch die fahrlässige Körperverletzung?[3] Das Wort αἰκία lässt eine solche Deutung zu, da es zunächst nur auf das „objektiv ungehörige" hinweist. Aber mit der ganzen Auffassung des ἄρχειν χειρῶν ἀδίκων scheint mir eine solche Ausweitung des αἰκία-Begriffes unvereinbar; auch nach dem nichtjuristischen Sprachgebrauch ist αἰκία durchaus die vorsätzliche Misshandlung. Entscheidend ist, dass die Gegenüberstellungen von ὕβρις und αἰκία nie auf das Vorhandensein oder Fehlen des Vorsatzes an sich abstellen. Der Verletzte ist — bei fahrlässiger Körperverletzung — auf die Geltendmachung der δίκη βλάβης angewiesen. —

3. Als competente Gerichtsbehörde nennt Demosthenes g. Pantain. 33 (976) die Vierzigmänner[4] (οἱ τετταράκοντα), die ordentliche Gerichtsbehörde für Privatprozesse. Die Vierzigmänner — hervorgegangen aus den von

---

[1] Aristot. magn. moral. I 34, 13; Antiphon, tetral. Γ,γ § 2: οὐ γὰρ ταὐτὰ ἀλλὰ μείζονα καὶ πλείονα δίκαιοι οἱ ἄρχοντες ἀντιπάσχειν εἰσίν. —

[2] Die Ausführungen von Leist scheinen mir darin fehl zu gehen, dass hier von Anfang an der Notwehrgedanke verquickt wird mit dem Timoriegedanken.

[3] Eine Frage über deren Beantwortung auch für das älteste römische Recht gestritten wird. S. Gell. XX 1, 16; 34 und dazu etwa Ihering, Schuldmoment p. 11. Brunnenmeister, Tötungsverbrechen p. 126. 131. —

[4] Genauer sind wir über diese Behörde erst durch Aristoteles' Staat der Athener LIII (vgl. XVI, 5) belehrt worden. Vgl. dazu z. B. Lipsius, Berichte ü. d. Verhandlg. d. sächs. Ges. d. Wiss. phil. hist. Cl. XLIII p. 54 ff. Wilamowitz, Aristot. u. Athen I p. 224.

Peisistratos eingesetzten dreissig Demenrichtern — amtieren als Viererkollegien und Phylengerichte (je vier Richter auf jede der 10 Phylen). Competent ist das Kollegium der Phyle des Beklagten. Bis zum Betrag von zehn Drachmen (Bagatellsachen) entscheidet diese Behörde selbstständig und definitiv (αὐτοτελεῖς εἰσι δικάζειν);[1] ist der Streitwert höher, so gibt sie zunächst den Prozess an einen öffentlichen Schiedsrichter (διαιτητής) ab. Dieser sucht eine Verständigung der Parteien herbeizuführen; gelingt dies nicht, so sammelt er das Beweismaterial, und entscheidet. Wird sein Spruch (γνῶσις) anerkannt, so ist der Prozess erledigt; beruhigt sich eine der Parteien dabei nicht, so wenden sie sich neuerdings an das Phylengericht des Beklagten, dem sie[2] das gesammelte Beweismaterial und die schriftlich redigierte Entscheidung des Diaiteten abgeben. Die Phylenrichter[3] bringen den Streit nunmehr vor ein heliastisches Gericht (εἰσάγειν εἰς δικαστήριον). das bei einem Streitwert bis zu 1000 Drachmen mit 201, bei höherem Streitwert mit 401 Richtern besetzt sein muss.

Die Institution der Vierzigmänner ist — nach dem Bericht des Aristoteles[4] — von Haus aus eine durchaus demokratische Einrichtung; sie ist es wohl auch in der Folge geblieben: eine Gerichtsbehörde, die für den Bürger leicht zu

---

[1] Eine Singularität im attischen Prozess, da der Beamte sonst nicht selbst entscheidet, sondern nur als Gerichtsvorstand im Geschworenengericht funktioniert.

[2] Hudtwalker, öfft. u. Privatschiedsrichter p. 128 hatte die Frage offen gelassen, ob die Parteien oder der Diaitet die Versiegelung der Akten usw. vornehmen, jetzt wissen wir aus Arist. LIII 2, dass es die Parteien sind.

[3] Durch Arist. St. d. Ath. LIII, 3 erledigt sich die frühere (z. B. Platner II p. 205) Annahme, dass die Einführung durch die Thesmotheten erfolgte.

[4] Arist. St. d. Ath. XVI, 5; sie waren ursprünglich (30) Demenrichter, die in den Demen Termine abhielten, damit die Landbewohner nicht gezwungen seien, in die Stadt zu kommen und ihre ländlichen Arbeiten zu vernachlässigen.

erreichen war und — infolge der notwendigen Mitwirkung des öffentlichen Schiedsrichters[1] — häufig den Streit der Parteien ohne Urteil zur Erledigung brachte. Für seine eigene Zeit nennt Aristoteles (St. d. Ath. LII, 2) als competente Behörde für αἰκία - Prozesse die εἰσαγωγεῖς. Auch diese „Einführer" sind Phylenrichter, insofern als für je zwei der zehn Phylen ein „Einführer" vorgesehen ist. Die Vorverhandlung vor dem Diaiteten fällt, hier weg[2], der Beamte sammelt selbst das Beweismaterial. Die δίκη αἰκίας ist jetzt zu den δίκαι ἔμμηνοι, den Monatsklagen, gestellt, deren gerichtliche[3] Entscheidung innert dreissig Tagen nach Anbringung der Klage erfolgen muss[4]. Beides, Wegfall des Diaiteten und Beschränkung der Dauer der Instruction, dient demselben Zweck: Beschleunigung des Verfahrens. Einer solchen werden nur einzelne Klagen teilhaftig; neben der δίκη αἰκίας werden u. a. folgende Privatklagen in dieser Weise privilegiert: Klagen auf Restitution der Dos, Klagen gegen Banquiers, Klagen um Sklaven oder Vieh (Mängelrüge?). —

Ein Vergleich zwischen Demosthenes und Aristoteles ergibt, dass in der Zwischenzeit eine Aenderung erfolgt sein muss, welche die δίκη αἰκίας dem gewöhnlichen Prozessgang (mit Diaiteten) und der gewöhnlichen Gerichtsbehörde (Vierzigmänner) entzog und sie zu den beschleunigten Klagen stellte. Diese Aenderungen sind wohl alle gleichzeitig ent-

---

[1] Dass dieser verpflichtet war, zunächst einen Sühneversuch zu machen, ist bereits oben bemerkt.
[2] Man muss dies aus der Vergleichung von Arist. St. d. Ath. LII u. LIII folgern.
[3] Gerichtliche Entscheidung ist auch dann notwendig, wenn der Streitbetrag geringer ist als 10 Drachmen. Der Schlusssatz des Aristoteles LII 3 ist nur auf die Apodekten zu beziehen. Mit dem Recht eigener Entscheidung würde sich auch die prägnante Bezeichnung „Einführer" nicht vertragen.
[4] Ungenau Meier-Schömann-Lipsius II p 903: am dreissigsten Tage nach Anbringung der Klage.

standen und auf dieselbe gesetzliche Bestimmung zurückzuführen.

4. Das **Verfahren** in αἰκία-Prozessen zeigt keine Besonderheiten. Es gelten die allgemeinen Vorschriften über Privatklagen. Die Klage steht nur dem Verletzten zu. Denkbar ist hier, wie in anderen Fällen, eine Uebertragung der Entscheidung an private Schiedsrichter (ἐπιτρέπειν)[1]. Nach einer im Lexicon Seguerianum (p. 360) aufbewahrten Grammatikernotiz[2] bestand für die δίκη αἰκίας die besondere Vorschrift, dass sie innert vier Tagen, bevor die Spuren der Schläge verschwunden waren, anhängig gemacht werden musste. Diese Notiz wird zwar durch keine andere Nachricht gestützt; sie ist aber auch mit dem anderwärts überlieferten nicht in Widerspruch. Es wäre sehr wohl denkbar, dass sich die Tendenz, αἰκία-Prozesse zu beschleunigen, auch darin geäussert hätte, dass dem Kläger eine solche Frist angesetzt wurde[3].

Aus Demosthenes' Rede gegen Apaturios[4] ist ausserdem zu entnehmen, dass im Prozess über einzelne Vorwürfe der Eid dem Beklagten zugeschoben werden konnte (δίδωσιν ὅρκον — περί τινων ἐγκλημάτων): nimmt ihn der Beklagte an (δέχεσθαι), so muss er Caution dafür leisten, dass er schwören werde. Im konkreten Falle der demosthenischen Rede schwört dann der Beklagte den Eid nicht, er belangt vielmehr seinerseits den Kläger ὡς δίκῃ λύσων τὸν ὅρκον; es

---

[1] Demosth. g. Euerg. u. Mnesib. 45 (1153).

[2] Αἰκία εἶδος δίκης ἐπὶ πληγαῖς. εἰσήγετο δὲ ἐντὸς ἡμερῶν τεσσάρων, πρὶν ἢ τὰ ἴχνη τῶν πληγῶν ἀφανισθῆναι. Es ist klar, dass εἰσήγετο hier nicht die gewöhnliche Bedeutung „vor den Gerichtshof bringen" haben kann, sondern im Sinn von „anhängig machen" gebraucht ist.

[3] Nimmt man an, dass die Festsetzung dieser Frist in Zusammenhang steht mit der oben p. 10 besprochenen Neuerung, so kann auch aus Demosthenes' Rede gegen Konon kein Bedenken hergeleitet werden.

[4] Es ist allerdings zweifelhaft, ob die Worte ἐδικάζετο πληγῶν κτλ. auf eine δίκη αἰκίας sich beziehen, s. einerseits Platner II p. 198, andrerseits Meier-Schömann-Lipsius II p. 650.

scheint also, dass er der übernommenen Schwurpflicht ledig wird, wenn er seinerseits klagt[1]. Dabei muss natürlich vorausgesetzt sein, dass er in seiner Klage dieselben Thatsachen behauptet, deren Richtigkeit zu beschwören er sich verpflichtet hatte. Wahrscheinlich drehte sich der Streit um die Frage, wer von den beiden zuerst geschlagen hatte.

5. **Gerichtsgebühren. Poenae temere litigantium.**
Gerichtsgebühren werden nach positiver Vorschrift bei der δίκη αἰκίας nicht erlegt. Sonst mussten in Privatprozessen bei Beginn des Prozesses beide Parteien die sog. πρυτανεῖα[2] erlegen, beide denselben Betrag: bei Sachen von 100—1000 Drachmen drei Drachmen, in Sachen über 1000 Drachmen dreissig Drachmen. Diese 60 Drachmen verblieben dem Gericht, doch konnte der Obsiegende die von ihm erlegten dreissig vom Unterliegenden ersetzt verlangen, so dass letzterer im Resultat die ganzen Gerichtskosten zahlte. — Für die δίκη αἰκίας — sie ist die einzige in dieser Weise privilegierte Klage — wird dem Kläger die Notwendigkeit vorgängiger Erlegung der πρυτανεῖα erlassen: die Gesetze haben — führt Isokrates[3] aus — bei diesem Vergehen sowohl δίκαι als γραφαί ohne Parakatabole[4] gewährt, damit niemand durch ökonomisches Unvermögen gehindert werde, sich Genugthuung (τιμωρία) zu verschaffen. Die Tragweite dieser

---

[1] Vgl. hierzu besonders Hudtwalker, Diaeteten p. 53 ff., Meier-Schömann-Lipsius II p. 902 a. 389, p. 863 a. 267.
[2] S. Pollux VIII 38; vgl. Meier-Schömann-Lipsius p. 809 ff. Boeckh, Staatshaushaltg. d. Athen. I[e] p. 416 ff. Auf eine Vergleichung von sacramentum und πρυτανεῖα lasse ich mich hier nicht ein; vgl. einerseits Bernhöft, Zeitschrift für vergl. Rechtswissenschaft I p. 28, andrerseits Pflüger, legis actio sacramento, p. 22. Die Einwände des letzteren sind begründet.
[3] Isokr. g. Lochit. 2. Ueber den besonderen Fall in der demosthenischen Rede gegen Euergos u. Mnesibulos s. u. p. 18 ff.
[4] Ueber die Verwendung von παρακαταβολή für πρυτανεῖα s. Meier-Schömann-Lipsius. Die γραφή ist die γραφὴ ὕβρεως s. u. p. 47.

Bestimmung und ihre durchaus demokratische Tendenz liegt auf der Hand: es genügt, auf Iherings lebensvolle Ausführungen über Arm und Reich im römischen Civilprozess zu verweisen [1].

Andrerseits trifft den unterliegenden Kläger die Prozessstrafe der ἐπωβελία[2], wenn sich für Gutheissung der Klage weniger als ein Fünftel der Richterstimmen aussprechen; die Strafe findet nach den Grammatikern (Etym. u. ἐπωβελία, Lex. Seg. p. 255) Anwendung bei den δίκαι χρηματικαί; sie beträgt ein Sechstel der Klagsumme und fällt dem obsiegenden Beklagten zu. Die Epobelie ist eine poena temere litigantis, wenn auch ausdrücklich nirgends eine besondere temeritas erfordert wird: die temeritas ist eben dadurch bewiesen, dass es dem Kläger nicht einmal gelungen ist, den fünften Teil der Richter von der Richtigkeit der Klage zu überzeugen. Es ist auch durchaus nicht auffällig[3], dass eine Gesetzgebung einerseits die Klageerhebung durch Freigebung der Kostenerlegung erleichtert, andrerseits den calumniösen Kläger nachträglich straft. Im Gegenteil: das Risico verhindert eine Ausbeutung der vom Gesetz gegebenen Erleichterung. So ist denn das Vorkommen der Epobelie bei δίκη αἰκίας ausdrücklich bezeugt[4], wie ja diese auch durchaus als δίκη χρηματική[5] bezeichnet werden kann[6].

---

[1] Ihering, Scherz und Ernst in der Jurisprudenz 4. Aufl. (1891) p. 175 ff.

[2] Ueber ἐπωβελία im allgemeinen Meier-Schömann-Lipsius p. 947 ff. Boeckh, Staatshaush. d. Athen. I² p. 432 ff.

[3] Umsoweniger als dieselbe Erscheinung auch bei der γραφὴ ὕβρεως begegnet; s. u. p. 47.

[4] Demosth. g Euerg. u. Mnesibul. 64 (1158), 82 (1164); hier war die Schuldsumme 1100 Drachmen, als ἐπωβελία werden 183, 3 Drachmen bezahlt.

[5] Vgl. p. 14 N. 1.

[6] Boeckh, Meier-Schömann-Lipsius u. a. wollen die Anwendbarkeit der Epobelie auf den Fall beschränken, wo der δίκη αἰκίας eine Widerklage des Erstbeklagten gegenübertritt. S. darüber unten p. 21.

— Ueber die besondere, mehrfach abweichende Ansicht von Lipsius s. u. p. 21.

6. Die δίκη αἰκίας ist immer gerichtet auf Bezahlung einer Geldsumme; der Thäter, der gegen den Leib (εἰς σῶμα) gefehlt hat, büsst mit dem Vermögen (χρήμασι δίκην ὑπέχει)[1]. Die Höhe[2] der Summe ist durch das Gesetz nicht fixiert[3], der Richter hat sie für den einzelnen Fall festzusetzen. Die δίκη αἰκίας gehört zu den sog. schätzbaren Prozessen (ἀγὼν τιμητός). Der Kläger hat bei Einreichung seiner Klage eine Schätzung vorzuschlagen und beizuschreiben (ἐπιγράφεσθαι); er schätzt damit das ihm zugefügte Unrecht (ὁπόσον δεῖ ἄξιον εἶναι τὸ ἀδίκημα); die definitive Schätzung nimmt das Gericht vor (οἱ δὲ δικασταὶ ἐπικρίνουσιν).

Von der Höhe solcher richterlichen Schätzungen kann man sich aus Demosthenes' Rede gegen Euergos und Mnesibulos eine Vorstellung machen: der Sprecher war hier (wegen αἰκία) zur Zahlung von 1100 Drachmen verurteilt worden, welche Summe sich durch Prozesskosten und -Strafen

---

[1] Isokr. g. Loch. 17; Lys. g. Isokr. bei Sauppe fragm. or. Att. p. 191: αἰκίαν χρημάτων μόνον τιμῆσαι ἔξεστιν.

[2] S. zum folgenden besonders Lex. Seguer. p. 356.

[3] Bedenken erregt Diog. Laert. VI 42, wo Meidias den Cyniker Diogenes ins Gesicht schlägt mit den Worten: 3000 Drachmen liegen für dich beim Wechsler. Die Anekdote erinnert, wie Meier-Schömann-Lipsius II p. 649 bemerken, an die Anekdote des Veratius bei Gell. XX 1. — Wenn die Nachricht wirklich auf Wahrheit beruht, so nötigt sie noch nicht zur Annahme, dass die 3000 Drachmen eine vom Gesetz vorgesehene Strafsumme waren; die Verweisung auf das Depôt kann auch nur den Zweck haben, den Geschlagenen von der Anstellung der Klage abzuhalten. Ueberdies stimmt die Summe nicht mit den Beträgen der im Text erwähnten Rede des Demosthenes und ist schwer vereinbar mit der gesetzlichen Strafsumme für κακηγορία (500 Drachmen). Die Entstehung der Anekdote mag damit zusammenhängen, dass die Abfindungssumme im Prozess des Meidias gegen Demosthenes dreissig Minen (= 3000 Drachmen) betrug. Aischin. g. Ktesiph. 52 (441).

noch erheblich erhöht[1]. Die Grösse der Verletzung kennen wir nicht. Die vom Angeklagten zu leistende Geldsumme fällt, wie bei jeder Privatklage, ganz an den Ankläger.

Ueber die rechtliche Bedeutung der vom Beklagten zu zahlenden Geldsumme gehen die Ansichten auseinander. Zunächst: Was erhält der Geschlagene durch diese Zahlung? Thalheim[2] denkt an „Schmerzensgeld", Mücke (p. 29) an „Schadenersatz" (ante omnia damnum spectatur); Heffter (p. 244) spricht von einer „Geldbusse", Meier-Schömann-Lipsius II p. 467 von „Genugthuung für angethane Beschimpfung", Platner (II p. 204) lässt den Kläger „die ihm zugefügte Verletzung in Geld anschlagen." Die Quellen geben auf die Frage keine ganz bestimmte Antwort. Der Gedanke eines „Schmerzensgeldes" begegnet, soweit ich sehe, nirgends; es handelt sich aber auch nicht einfach und auch nicht in erster Linie um Schadenersatz, sondern um Reaction gegen „das Unrecht". Isokrates lässt den Kläger durch die δίκη αἰκίας Rache nehmen an dem Unrecht thuenden (τιμωρεῖσθαι ἀδικοῦντας) und erklärt ausdrücklich, dass es sich dabei nicht um den „übrigen Schaden [ἄλλη βλάβη] handle, der durch die Schläge entstanden sei, sondern um das Unrecht (ἀδικία) und die Herabwürdigung (ἀτιμία)". Nach dem Lexikon Seguerianum schätzt der Kläger in seinem τίμημα „das Unrecht" (ἀδίκημα). Ueber das Verhältnis der δίκη αἰκίας zu einer Schadenersatzklage gibt Demosthenes' Rede gegen Meidias nähere Auskunft: Meidias hatte dem Demosthenes, da dieser ein öffentliches Amt bekleidete, eine Ohrfeige versetzt und ihm sein festliches Gewand zerrissen. Demosthenes behauptet nun, zwei

---

[1] Demosth. l. c. 64, 1158. Die Stelle ist verdorben, im Text ist die Lesung Boeckhs, St. d. Ath. angenommen. Bedenken gegen dieselbe äussert Heffter, p. 434.
[2] Bei Pauly-Wissowa, u. αἰκίας δίκη I p. 1007.

Klagen zu haben: die δίκη βλάβης wegen der Beschädigung der Kleider und die δίκη αἰκίας [oder γραφὴ ὕβρεως] wegen der Ohrfeige (Demosth. g. Meid. 25, 522 vgl. m. 35, 525). — Dass es sich bei der δίκη αἰκίας nicht einfach um Schadenersatz handelt, ergibt auch die Vergleichung der δίκη βλάβης[1] und der δίκη αἰκίας. Bei ersterer, der allgemeinen Schadenersatzklage, haftet der Thäter bei doloser Schädigung auf das Doppelte: ist es wahrscheinlich, dass bei der δίκη αἰκίας nun nur der einfache Betrag zu zahlen ist?[2]

Aus allem scheint mir hervor zu gehen, dass bei der δίκη αἰκίας die **Geldleistung** des Beklagten **wesentlich Strafcharakter** hat und die τίμησις hier allerdings eine andere Rolle spielt als bei den gewöhnlichen schätzbaren[3] Privatklagen, bei denen sie wesentlich Interessefixierung ist, aestimatio litis, „Ausmittlung des Schadens, das dem privaten Interesse durch die Rechtsverletzung zugefügt ist."[4] — Mit dieser Charakterisierung der Geldleistung ist wohl vereinbar, dass bei der Ausmessung der Strafe der eingetretene Schaden mit in Berücksichtigung gezogen wurde, wie umgekehrt auch bei Anstellung einer δίκη βλάβης auf die näheren Verumständungen, unter denen die Schädigung erfolgte, Rücksicht genommen wurde[5].

Zweifelhaft ist auch die Bedeutung der Schätzung des

---

[1] S. über diese Meier-Schömann-Lipsius II p. 651 ff.; Thalheim bei Pauly-Wissowa, Realencyclopaedie III p. 552.

[2] Dass bei der δίκη αἰκίας irgend etwas verdoppelt wird, ist nirgends gesagt.

[3] Insofern hatte Heraldus allerdings das Richtige erkannt; er irrte nur darin, dass er die δίκη αἰκίας als einzige schätzbare Privatklage bezeichnete, während die Quellen deutlich auch Privatklagen, bei denen die Schätzung eine andere Rolle spielt, als schätzbar bezeichnen. Auch Platner I p. 197 anerkennt die Sonderstellung der δίκη αἰκίας, bei der „die beiden Arten der Schätzung, die rechtliche und die factische, zusammentreffen."

[4] Meier-Schömann-Lipsius I p. 209.

[5] Demosth. g. Meid. 25, 522: καὶ τῆς περὶ τὸν χορὸν πάσης ἐπηρείας.

Klägers für das Urteil. Ist der Richter an das klägerische τίμημα gebunden oder darf er auch auf mehr oder weniger erkennen? wird dem τίμημα des Klägers ein ἀντιτίμημα des Beklagten gegenübergestellt? — Die ganze Lehre von der τίμησις bei den Privatklagen[1] gehört zu den umstrittensten des attischen Prozesses und soll hier nicht im allgemeinen erörtert werden. Für die δίκη αἰκίας ist durch Isokrates' Rede gegen Lochites festgestellt, dass das klägerische τίμημα den Richter nicht band, dass er auch auf weniger verurteilen und so von dem τίμημα etwas wegnehmen (ἀφαιρεῖν τοῦ τιμήματος) konnte. Isokrates[2] verwahrt sich ausdrücklich gegen eine solche Reduction. Auch die Notiz im Lexikon Seguerianum (p. 359), dass der Kläger schätze, der Richter urteile, weist darauf hin, dass dem Richter ein freier Spielraum verblieb.

Nirgends wird ein ἀντιτίμημα des Beklagten bei der δίκη αἰκίας erwähnt und nichts weist darauf hin, dass die Reduction des klägerischen τίμημα ein Eingehen auf ein beklagtisches ἀντιτίμημα wäre. Dazu kommt, dass auch Plato (Gesetze IX p. 875 ff.), der die τίμησις im Zusammenhang mit den βίαια behandelt, in seinen allgemeinen Erörterungen über schätzbare und unschätzbare Klagen immer nur die beiden Möglichkeiten trennt: das Gesetz bestimmt die Strafe — der Richter bestimmt die Strafe; dies erklärt sich schwer, wenn der Richter schlechthin an das τίμημα des Klägers gebunden wäre oder nur zwischen den τιμήματα beider Parteien zu wählen hätte.

Denkt man sich das Verhältnis von klägerischer und richterlicher τίμησις in der angegebenen Weise, so verschwinden auch die Bedenken, die Heffter p. 337 (vgl. Meier-Schömann-Lipsius I p. 215 A. 46) geltend macht. Der Unter-

---

[1] S. im allg. Meier-Schömann-Lipsius I p. 208 ff., Platner I p. 191 ff.
[2] Isokr. g. Lochit. 19.

schied zwischen ἀγών τιμητός und ἀγών ἀτίμητος ist nach wie vor vorhanden und besteht darin, dass das Gesetz hier die Strafe fixiert, dort die Fixierung dem Richter überlässt. Der Willkür des Klägers ist der Beklagte nicht ausgeliefert, da der Richter an das klägerische τίμημα nicht gebunden ist. Gar nichts beweist (für die Notwendigkeit eines ἀντιτίμημα) Demosth. g. Aphob. III 8 (847)[1]: es ergibt sich auch daraus nur, dass die grundsätzliche Verurteilung des Beklagten nicht eine Anerkennung des klägerischen τίμημα in sich schloss; man möchte aus der Stelle eher schliessen, dass selten der Richter die klägerische Schätzung zu der seinen machte.

7. **Besondere Schwierigkeiten ergaben sich, wenn nach einer Schlägerei jede Partei behauptete und gerichtlich geltend machte, sie sei zuerst geschlagen worden.** War hier die δίκη αἰκίας des einen begründet, so erschien die des anderen unbegründet. Hier hätte sich der Weg geboten, die beiden Klagen in der prozessualischen Behandlung zu verbinden; dadurch wäre die Sammlung des Beweismaterials vereinfacht und die Möglichkeit widerstreitender Urteile vermieden worden. Das attische Recht hat diesen Weg nicht eingeschlagen; es ergibt sich dies deutlich aus Demosthenes' Rede gegen Euergos und Mnesibulos.

Der Sprecher der Rede hatte bei Theophemos eine Pfändung vorgenommen, dabei war es zu einer Prügelei gekommen. Nun erhebt zunächst der Sprecher die δίκη αἰκίας: Theophemos antwortet mit einer Gegenladung (ἀντιπροσκαλεῖσθαι, 45, 1153), die zu einer zweiten δίκη αἰκίας führt. Nun liegen zwei αἰκία-Prozesse vor; jeder gelangt zunächst an einen besonderen öffentlichen Diaiteten[2].

---

[1] Οὐ μόνον αὐτοῦ κατέγνωσαν, ἀλλὰ καὶ τῶν ἐπιγεγραμμένων ἐτίμησαν.

[2] Ausdrücklich heisst es (45, 1153): τῶν διαιτητῶν τὰς δίκας (nicht τὴν δίκην) ἐχόντων; andrerseits wird für den einzelnen Prozess je nur

Die Erledigung der Klage des Sprechers verzögert sich, da der Beklagte (Theophemos) vor dem Diaiteten Schwierigkeiten macht[1]. Dagegen gelangt die Klage des Theophemos zur gerichtlichen Entscheidung[2]. Theophemos siegt, der Sprecher wird zu einer Geldsumme, wahrscheinlich von 1100 Drachmen, verurteilt; dieses Urteil wird nach Ablauf der gesetzlichen Notfrist durch Pfändung vollstreckt[3].

Die andere Klage (Sprecher gegen Theophemos) war allem Anschein nach in der Zwischenzeit liegen geblieben; sie ist nicht vor den Gerichtshof gebracht worden, wahrscheinlich auch vom Diaiteten noch nicht entschieden; vielleicht bestand die Opposition des Theophemos, von der in § 45 (1153) gesprochen ist, gerade darin, dass er Sistierung dieser Klage bis nach Erledigung seiner eigenen verlangte. In der demosthenischen Rede erklärt der Sprecher diesen Prozess als einen noch pendenten: διώκω αἰκίας: 8 (1141); 10 (1142).

Die nächstliegende Erklärung dieses Verfahrens ist doch wohl die: zunächst werden die beiden Prozesse durchaus selbständig behandelt; man wird daran keinen Anstoss nehmen, wenn man bedenkt, dass die Vierzigmänner in Phylen — Abteilungen functionierten[4], dass die beiden Parteien ver-

---

ein Diaitet erwähnt: 5 (1140), 6 (1141), 47 (1153). Platner (II p. 201), der beide Prozesse vor demselben Diaiteten spielen lässt, nimmt an, dass in der citierten Stelle „der Pluralis gebraucht wird, um überhaupt die Instanz zu bezeichnen." Das ist eine überaus gezwungene Erklärung.

[1] Demosth. l. c. 45 (1153): παρεγράφετο καὶ ὑπώμνυτο. Wie das Aufschubsgesuch motiviert wurde, ist nicht angegeben.

[2] Das Gericht (οἱ δικασταί) entschied zu gunsten des Theophemos; wie in diesem Prozess der Diaitet entschieden hatte, wissen wir nicht; wahrscheinlich gegen Theophemos, da der Sprecher einerseits darüber klagt, dass Theophemos die Richter (nicht den Diaiteten) getäuscht habe (46, 1153), andrerseits bis zur Entscheidung durch die Richter seiner Sache sicher zu sein glaubte: πιστεύων ἐμαυτῷ εἰσιέναι εἰς ὑμᾶς 45 (1153).

[3] Ueber diese Pfändung vergl. Hitzig, griech. Pfandrecht (1895) p. 57 ff.

[4] S. o. p. 9; competent ist das Gericht der Phyle des Beklagten.

schiedenen Phylen angehören konnten und so die beiden Prozesse bei verschiedenen Collegien anzubringen waren. War aber einer der beiden Prozesse bis zum rechtskräftigen Urteil gediehen, so erblickte man darin eine endgültige Lösung der ganzen Frage; man hielt es nicht für angemessen, das grosse Gericht zum zweiten mal mit demselben Prozessstoff zu beschäftigen: war zu gunsten des Theophemos entschieden, dass der Gegner zuerst geschlagen hatte, so war damit auch die Unbegründetheit der Klage des letzteren festgestellt[1]. Die formale Selbständigkeit des Verfahrens und des Urteils geht zur Evidenz daraus hervor, dass mit keinem Worte die Ungesetzlichkeit der Pfändung auf Grund des Urteils behauptet wird; nirgend ist angedeutet, dass wegen der Pendenz des Prozesses i. S. Sprecher gegen Theophemos das Urteil i. S. Theophemos gegen Sprecher nicht in Rechtskraft erwachsen sei.

Wollte der unterliegende Teil seinen eigenen Prozess weiter führen, so musste er zunächst das gegen ihn sprechende Urteil aus der Welt schaffen. Das versucht der Sprecher, indem er gegen die Zeugen den Prozess wegen falschen Zeugnisses erhebt. Damit verträgt sich sehr wohl seine Behauptung, dass er — immer noch — den Theophemos αἰχίας verfolge.

Damit erklärt sich auch ein weiterer Punkt. Theophemos belangt den Sprecher nicht nur auf die Urteilssumme (καταδίκη), sondern noch auf Epobelie und Prytaneia. Nach den Ergänzungen von Boeckh zu 64 (1158), vgl. 77 (1162), wäre anzunehmen, dass die Urteilssumme 1100 betrug, die Epobelie 183, 3, die Prytaneia 30, im ganzen 1313,3. Das Vorkommen der Epobelie fällt auf. Sie ist im allgemeinen[2]

---

[1] Wurde Theophemos abgewiesen, so war der Prozess noch nicht definitiv entschieden; es musste im Prozesse des Sprechers gegen Theophemos noch das Quantitativ festgesetzt werden.

[2] S. o. pg. 13.

eine Prozessstrafe, die den Kläger trifft; im entschiedenen Prozess war aber der Sprecher nicht Kläger, sondern Beklagter. Man sah aber die Sache auch hier so an, dass der Unterliegende damit zugleich den eigenen Prozess, in dem er Kläger war, verloren hatte. Dabei wurde die Epobelie möglicherweise[1] nach dem entschiedenen, nicht nach dem unentschiedenen Prozess berechnet. Jedenfalls trifft die Epobelie den Sprecher, weil er (auch) Kläger ist, nicht weil er Widerbeklagter ist.

Ganz anders fassen Boeckh I³ p. 428, 433, Platner II p. 204 und Meier-Schömann-Lipsius II p. 948 den Fall auf: Die δίκη αἰκίας sei an sich mit der Gefahr der Epobelie nicht verbunden; wenn aber eine Widerklage erhoben werde, so sei diese „weil dabei boshafte Verfolgung von einer der beiden Parteien gemutmasst werden konnte, für beide Teile durch Epobelie besonders verpönt" (Boeckh I³ p. 428). Dabei ist aber nicht einzusehen, warum eine dem Kläger an sich zukommende Vergünstigung (Befreiung von der Epobelie) nachträglich ihm wieder durch eine Operation des Gegners geraubt werden kann. Eine solche Gegenklage kann den zweiten Kläger verdächtig erscheinen lassen, nicht den ersten. — Dazu kommt, dass gerade für den Fall der ἀντιγραφή ausdrücklich wieder bemerkt wird[2], dass die Epobelie den Kläger (Widerkläger) trifft; es kann also nicht eine Wirkung der ἀντιγραφή sein, dass hier ausnahmsweise Kläger und Beklagter der Prozessgefahr unterliegen.

---

[1] Dies muss angenommen werden, wenn die Lesung Boeckhs bei 64, 1158 das Richtige trifft. Diese Schwierigkeit vermeidet die Lesung Heffters p. 435; er rechnet so:
1. Theophemos hatte als Entschädigung eingeklagt   1200 Dr.
2. Sein Gegner (Sprecher), in der früher angestellten Gegenklage 500, hievon Epobelie   83 Dr. 2 Ob.
3. Prytaneia an Theophemos zurückerstattet   30 Dr.
                                                         1313 Dr. 2 Ob.

[2] Poll. VIII 58: ὁ — ἀντιγραψάμενος μὴ κρατήσας τὴν ἐπωβελίαν προσωφλίσκανεν.

Anders verhält es sich freilich mit den Prytaneia. Dass die δίκη αἰκίας von solchen an sich befreit war, ist oben bemerkt; aus unserer Rede folgt, dass, wer die δίκη αἰκίας widerklageweise erhob, Prytaneia erlegen und vom Gegner ersetzt verlangen konnte. Die ratio legis (s. o. p. 12) ergibt, dass der Kläger nicht nachträglich durch eine Gegenklage des Beklagten um sein Privileg gebracht werden kann; wo bliebe sonst der Schutz des wirtschaftlich Schwachen? Dagegen ist es sehr wohl begreiflich, dass der Gesetzgeber den Widerkläger selbst (und nur ihn) zur Erlegung der Prytaneia anhält: ihm konnte entgegen gehalten werden, dass bereits eine Klage gegen ihn vorliege und er konnte dem Gesetzgeber derartig verdächtig erscheinen, dass ihm Prytaneia auferlegt wurden. Ihm konnte man sagen: wenn deine Sache sauber wäre, so hättest du selbst geklagt und hättest dich nicht erst verklagen lassen.

B. Die δίκη κακηγορίας.

1. Nach Plutarch (Solon c. 21) enthielt die solonische Gesetzgebung zwei Bestimmungen über Verbalinjurien; sie bedrohte mit Strafe Schmähungen (κακῶς λέγειν) 1) gegen Verstorbene, 2) in Heiligtümern, Gerichtshöfen (δικαστήρια), Amtshäusern (ἀρχεῖα) und während festlicher Spiele (θεωρίας οὔσης ἀγώνων). In letzterem Fall betrug die Strafe fünf Drachmen, von denen zwei dem Staat, drei dem verletzten Privaten (ἰδιώτης) zufielen; wahrscheinlich war auch für den ersteren Fall eine ähnliche Verteilung der Strafsumme unter den Staat und den Verletzten vorgesehen[1].

---

[1] Es ergibt sich dies m. E. aus der besonderen Strafbestimmung über Verbalinjurien gegen Verstorbene im späteren Recht. (S. u. p. 24); besonders wenn man mit Hermann p. 10 N. 19 im lex. Cantabr. 671 statt τριάκοντα liest: τριακοσίους. Vielleicht ist noch weiter zu emendieren und zu lesen: πεντακοσίους καταδικασθείς ὀφλῇ, [διακοσίους μὲν] τῷ δημοσίῳ, τριακοσίους δὲ τῷ ἰδιώτῃ. — Dann passt auch die folgende Gegenüberstellung ('Υπερείδης δὲ χιλίας) besser.

Eine allgemeine Strafbestimmung über Verbalinjurien fehlt der solonischen Gesetzgebung; als Begründung wird angegeben: nirgend seinen Zorn meistern können, sei ungezogen, es überall können, schwer, und vielen unmöglich; das Gesetz richte sich nach dem Möglichen und bedrohe mit Strafe lieber wenige mit Erfolg als viele ohne Erfolg [1].

Als Grundgedanke der ältesten Gesetzgebung ergibt sich: 1) die Bestrafung ist auf wenige ausgezeichnete Fälle beschränkt; 2) die Injurie zieht auch das Gemeinwesen in Mitleidenschaft. — Gerade diese letztere Idee begegnet im griechischen Recht auch anderwärts. Das Gesetz des Zaleukos [2] gibt den Gesetzeswächtern allgemein auf, dafür — durch prophylaktische Massregeln und Strafen — zu sorgen, dass keine Schmähreden geführt werden. Auch Plato (Ges. IX 935 C) geht durchaus von der Idee aus, dass allgemeine Interessen gefährdet sind; er bespricht zunächst den Fall, wo die Injurie durch den Ort der Begehung qualifiziert ist, s. u. p. 24 N. 4, und fährt fort: macht aber jemand an einem anderen Ort mit solchen Schmähreden den Anfang oder enthält er sich ihrer bei seiner Verteidigung nicht, so soll jeder, der dabei zugegen ist, falls er älter ist, als die Zankenden, dem Gesetze zu Hülfe kommen und ein Uebel durch ein anderes vertreiben, indem er dem Zorne, welchem sie fröhnen, mit Schlägen Einhalt thut; unterlässt er dies, so soll er einer festgesetzten Busse verfallen. —

2. Eine allgemeinere [3] Strafandrohung gegen Verbalin-

---

[1] Plut. Sol. 21.

[2] Stob. serm. XLIV 21: μηδεὶς δὲ λεγέτω κακῶς, μήτε κοινῇ τὴν πόλιν μήτε ἰδίᾳ τὸν πολίτην, ἀλλ' οἱ τῶν νόμων φύλακες ἐπιμελείσθωσαν τῶν πλημμελούντων πρῶτον μὲν νουθετοῦντες, ἐὰν δὲ μὴ πείθωνται, ζημιοῦντες.

[3] Würde das im Text im folgenden erwähnte Gesetz bereits der solonischen Gesetzgebung angehören, so hätte es Plutarch um seiner Eigenart willen gewiss erwähnt. Auch die Höhe der Strafsumme von 500 Drachmen (verglichen mit den fünf Drachmen Solons) spricht für späteres Entstehen, s. bes. Boeckh I p. 445.

— 24 —

jurien findet sich erst in der nachsolonischen Gesetzgebung, aber wieder mit einer eigentümlichen Einschränkung. Das Gesetz bestimmt selbst, was als verbotene Schmähung (ἀπόῤῥητον) zu gelten habe, was nicht. Die Strafe beträgt immer fünfhundert Drachmen; dem Beleidigten wird hierauf die δίκη κακηγορίας gewährt. Der gesetzlich fixierte Injurienbegriff der κακηγορία wurde dann auch auf die erste der solonischen Strafbestimmungen (κακῶς ἀγορεύειν τὸν τεθνηκότα) angewendet[1]); die Besonderheit des Falles kommt immer noch in der Strafe zum Ausdruck: sie beträgt (statt 500) hier 1000 Drachmen, von denen 500 dem Staat, 500 den Erben des Injuriierten zufallen[2]; dazu kommt Atimie. — Die solonische Bestimmung über Schmähungen an bestimmten Orten und bei bestimmten Gelegenheiten bleibt in Kraft; der [enge] gesetzliche Kakegoriebegriff kommt nicht zur Verwendung, auch Schmähungen, die keine κακηγορία darstellen, blosse λοιδορίαι[3], werden geahndet. Da das Strafmass der solonischen Bestimmung, 5 Drachmen, nicht mehr genügte, half man sich mit der Verhängung magistratischer Bussen (ἐπιβολή)[4].

---

[1] Nach dem lex. Cantabr. 671, 7 (s. Meier-Schömann-Lipsius II p. 630 A. 694) muss dies angenommen werden, da κακῶς εἰπεῖν in beiden Sätzen dasselbe bedeuten muss. Näheres hierüber und über die Atimie s. Meier-Schömann-Lipsius a. a. O. —

[2] So Hypereides im lex. Cantabr. 671, 7; = Saupp. fragm. or. p. 291; nach einer anderen Angabe betrug die (zwischen Staat u. Erben zu teilende) Summe auch hier 500 Drachmen, vgl. lex. Cantabr. ibd. und oben p. 22 N. 1.

[3] Im minder strengen Sprachgebrauch werden freilich κακηγορία und λοιδορία promiscue gebraucht, vgl. z. B. Demosth. g. Boiot. II 49, 1022, Demosth. g. Kon. 18, 1262.

[4] Hieher gehört die Rede des Lysias für den Soldaten. Er beruft sich (§ 9, vgl. § 6) auf ein Gesetz, welches ausdrücklich gebietet, die ἐν συνεδρίῳ (nachher ἀρχεῖον) λοιδοροῦντες zu strafen. Der Befehl ist an die Magistrate gerichtet. Im concreten Falle handelte es sich um einen Strategen. Von diesen sagt Aristoteles St. d. Ath. c. LXI, 2 ausdrück-

Eine besondere Behandlung erfährt zur Zeit der Redner die κακηγορία gegenüber einem Beamten, wenn dieser in seiner amtlichen Eigenschaft angegriffen wird. Der Thäter wird ehrlos (ἄτιμος)[1]; es geht gegen ihn eine öffentliche Klage[2], denn in dem Beamten ist der Staat beleidigt (προσυβρίζει τὸ τῆς πόλεως ὄνομα). — Lag keine κακηγορία im technischen Sinn vor, so konnte der Magistrat die Schmähung durch Auflegung einer ἐπιβολή ahnden[3].

3. Die folgenden Ausführungen sollen sich nur mit der **gewöhnlichen Verbalinjurie** (κακηγορία) beschäftigen, dh. mit der weder durch Ort und Zeit der Begehung noch durch die Person des Angegriffenen qualifizierten.

Das Gesetz[4] erklärte bestimmte Reden als verbotene ἀπόρρητα[5]; es enthält einen Katalog verbotener Worte. Wer lich, dass sie das Recht Bussen zu verhängen besitzen, davon aber regelmässig keinen Gebrauch machen, οὐκ εἰώθασι δὲ ἐπιβάλλειν. Vgl. auch Aisch. g. Tim. 60. — Auch bei Plato Ges. IX 935 B soll die Obrigkeit, die den Vorsitz führt, sofort bestrafen, wenn einer bei öffentlichen Opfern, Wettkämpfen, auf dem Markt, vor Gericht, in einei öffentlichen Versammlung (σύλλογος κοινός) Schmähreden führt. Für letztere verwendet Plato den Ausdruck κακηγορεῖν, aber wohl nicht im technischen Sinn. — Auf die Aeusserungen der Parteien vor Gericht scheint man die solonische Bestimmung nicht angewendet zu haben, s. Meier-Schömann-Lipsius II p. 632, anders freilich die Vorschläge Platos Ges. IX 935.

[1] Demosth. g. Meid. 32 (524): ἂν ἰδιώτην . . κακῶς εἴπῃ — δίκην κακηγορίας ἰδίαν φεύξεται, ἐὰν δὲ θεσμοθέτην, ἄτιμος ἔσται καθάπαξ. Da κακῶς εἴπῃ in beiden Sätzen dasselbe bedeuten muss, muss auch im zweiten Satz der gesetzliche Katalog der κακηγορίαι zur Anwendung kommen.

[2] Das muss aus der ganzen Redeweise des Demosthenes geschlossen werden; welche öffentliche Klage es war, wissen wir nicht; dass es nicht die γραφὴ ὕβρεως war, ergibt sich aus der Gegenüberstellung bei Demosth. g. Meid. 32 (524).

[3] Dass sich dies aus Lysias' Rede für den Soldaten ergibt, ist bei Meier-Schömann-Lipsius II p. 632 A. 403 nachgewiesen.

[4] Es ist immer nur von einem Gesetz die Rede; Isokr. g. Lochit 3, Demosth. g. Aristokr. 50, 635. —

[5] Lys. g. Theomn. 2; Isokr. g. Lochit 3; vgl. Demosth. v. Kranz 123, 268: κακῶς τἀπόρρητα λέγειν.

ein solches Wort verwendet, macht sich einer κακηγορία schuldig; von ihm heisst es technisch: κακῶς λέγει, κακῶς ἀγορεύει, κακηγορεῖ; vom Angegriffenen: κακῶς ἀκούει.

Aus dem Gesetz sprechen deutlich die Bedenken, die man gegen eine Bestrafung der Verbalinjurie[1] im allgemeinen hegte: man fürchtet eine Ueberspannung des Injurienbegriffs, dass ein empfindlicher Verletzter etwas als Beleidigung empfand und für diese Auffassung ein Gericht gewann, was nach gemeiner Ansicht eine Beleidigung nicht war. Ein demokratischer Zug ist nicht zu verkennen, der das Wort frei lässt, der grossen Empfindlichkeit wehrt und dem Richter die Meinung der Gesellschaft in scharfen Umrissen zeigt.

Den Katalog der ἀπόῤῥητα besitzen wir nicht. Lysias[2] erwähnt folgende: ἀνδροφόνος, πατραλοίας, μητραλοίας. ἀποβεβληκέναι[3] ἀσπίδα[4]. Die drei letztgenannten Vorwürfe: Vater und Mutter schlagen, Schild wegwerfen werden im griechischen Recht mehrmals neben einander erwähnt. Beides gilt als besonders schimpfliche That; beides wird durch öffentliche Strafklage (γραφὴ γονέων κακώσεως, γραφὴ δειλίας)[5] verfolgt; wer sich des einen oder andern schuldig macht, wird ohne weiteres infam (ἄτιμος)[6] und verliert das Recht, zum Volk zu reden[7]. Die sämtlichen ἀπόῤῥητα, die Lysias erwähnt, bringen den Geschmähten in Beziehung zu Handlungen, die wenn sie wirklich von ihm begangen worden

---

[1] Ueber die von Solon geregelten Fälle hinaus.
[2] Lys. g. Theomn. 6 ff.
[3] Ungenau Meier-Schömann-Lipsius II p. 630, wo als ἀπόῤῥητον das Wort ῥίψασπις erwähnt ist.
[4] Andere erwähnen noch die Ausdrücke λωποδύτης (Kleiderräuber), ἀνδραποδιστής (Menschenräuber); beide Ausdrücke sind allerdings bei Lysias erwähnt, aber nicht mit dem Kakegoriegesetz in Verbindung gebracht.
[5] Vgl. Meier-Schömann-Lipsius I p. 464.
[6] Andokid. v. d. Myst. 74: ἢ ἀσπίδα ἀποβάλοιεν — ἢ τοὺς γονέας κακῶς ποιοῖεν.
[7] Aisch. g. Timarch. 54, 27 ff. Poll. VIII 43; 45.

wären, öffentliche Strafklage nach sich ziehen würden. Von einer fünften verbotenen Schmähung, die zur δίκη κακηγορίας führt, lässt sich dies nicht sagen; nach Demosth. g. Eubul. 30, 1308 macht sich auch derjenige einer κακηγορία schuldig, der einem Bürger wegen seines Handels auf dem Markt verspottet (ὀνειδίζει). —

Gegen die Annahme, dass es „noch weit mehr ἀπόρρητα" gegeben habe[1], sprechen die Bemerkungen des Harpokration[2], dass Lysias die ἀπόρρητα — erschöpfend — aufzähle und des Aristoteles[3], dass die Gesetze „einige Schmähungen" ἔνια λοιδορεῖν untersagen.

Besondere Berücksichtigung verdient Lysias' Rede gegen Theomnestos (X). Theomnestos war von Lysitheos in Form einer Eisangelie angeklagt worden, weil er zum Volke rede, (δημηγορεῖν), wiewohl er im Kampf die Waffen weggeworfen und dadurch die Fähigkeit, öffentlich aufzutreten, verloren habe (§ 1). In diesem Prozess hatte Theomnestos gegen den Sprecher der lysianischen Rede, der als Zeuge aufgetreten war (§ 30), den Vorwurf erhoben, dieser habe seinen eigenen Vater getötet (§ 1: ἐν ἐκείνῳ τῷ ἀγῶνι τὸν πατέρα μ' ἔφασκεν ἀπεκτονέναι τὸν ἐμαυτοῦ). Theomnestos wurde freigesprochen[4]. Nunmehr belangt der Sprecher den Theomnestos mit einer δίκη κακηγορίας; dieser scheint zuzugeben, dass er die Behauptung (der Sprecher habe seinen Vater getötet) aufgestellt habe, will sich aber damit keiner κακηγορία schuldig gemacht haben, da das Gesetz nur verbiete, jemand ἀνδροφόνος zu nennen, nicht aber zu behaupten, es habe jemand seinen Vater getötet (6)[5].

---

[1] So F. Blass, attische Beredsamkeit 2. Aufl. I p. 601 N. 5.
[2] S. v. ἀπόρρητα.
[3] Nikom. Eth. IV 8, 9.
[4] Lysias a. a. O. § 22 vgl. § 3.
[5] Lysias kennt die Verteidigungsweise des Beklagten aus dem Vorprozess vor dem öffentlichen Diaiteten (§ 6).

Meistens wird angenommen[1], Theomnestos mache sich einer aussichtslosen Wortklauberei schuldig; das Gesetz enthalte allerdings mehr ein „Namen- als ein Sachregister"; Lysias weise aber nach, dass es nicht auf den Ausdruck, sondern auf die Sache ankomme; dass die Klage auch dann statthaft sei, wenn die Schmähung nicht gerade mit dem im Gesetz ausdrücklich verpönten Wort, sondern mit einem gleichbedeutenden Ausdruck verübt war.

Ganz anders hat in neuerer Zeit E. Szanto das Kakegoriegesetz und den Einwand des Theomnestos aufgefasst. Nach Szanto kennt bereits das griechische Recht eine Unterscheidung zwischen Beschimpfung und falscher Beschuldigung. Das Gesetz über die ἀπόρρητα habe nur erstere im Auge; es verstehe „unter strafbarer Beschimpfung die Untergrabung des guten Namens durch Ausdrücke, welche einen verbrecherischen oder verächtlichen Charakter bezeichnen, ohne dass bestimmte Thatsachen zu grunde gelegt werden — unter straffreier (falscher) Beschuldigung aber die Namhaftmachung bestimmter entehrender Handlungen" (p. 161). Gegen dieses Gesetz kämpfe Lysias an: „er erwartet von dem Volksgerichte, dass es diese Erweiterung des Gesetzes (Bestrafung auch der falschen Anschuldigung) durch sein Urteil sanctionieren werde" (p. 162).

Den Ausführungen Szantos kann ich nicht beitreten; m. E. ist die Unterscheidung, die er macht, dem griechischen Recht fremd geblieben. Unter den ἀπόρρητα steht neben der Schmähung ἀνδροφόνος (Mörder) und πατραλοίας die andere: ἀποβεβληκέναι ἀσπίδα (Schild weggeworfen haben); Szanto hat das nicht übersehen, glaubt aber in der Bestrafung der zweiten eine Durchbrechung des Prinzips zu er-

---
[1] So z. B. Platner II p. 188, Meier-Schömann-Lipsius II p. 631, Thonissen p. 281.
[2] E. Szanto, die Verbalinjurie im attischen Prozess, Wiener Studien XIII (1891) p. 159 ff.

kennen. Diese ist aber umsoweniger wahrscheinlich, als gerade die beiden Vorwürfe (Schlag gegen Eltern, Wegwerfen des Schildes) häufig zusammen erwähnt werden [1]. — Zudem macht Lysias selbst die von Szanto vorgeschlagene Unterscheidung nirgends; für ihn unterscheiden sich in derselben Weise ἀνδροφόνος und πατέρα ἀπεκτονέναι einerseits und ἀσπίδα ἀποβεβληκέναι und ἐῤῥιφέναι andrerseits: es ist lediglich nicht das Wort verwendet worden, das der Gesetzgeber verpönt hat.

Bedenklich sind auch die Consequenzen, zu denen Szanto gelangt: die Beschimpfung wird bestraft, die falsche Anschuldigung nicht. Szanto führt freilich aus: die Thatsache, dass die Strafklage (z. B. wegen Schildwegwerfens) jedermann zustehe, mache dem Beleidigten die Wiederherstellung seiner Ehre leicht; er könne ja, wenn er fälschlich beschuldigt werde, einfach darauf hinweisen, dass die Strafklage nicht angestellt sei und der Beleidiger sie gewiss angestellt hätte, wenn der Vorwurf wahr wäre. Aber es ist nicht einzusehen, wie und wo eine solche Hinweisung vorzunehmen ist – wenn eben nicht in einer Strafklage wegen Beleidigung — und inwiefern sie denselben Erfolg für den Beleidigten hätte, wie die Injurienklage. Uebrigens darf auch nicht ohne weiteres geschlossen werden, dass der Beleidiger geklagt hätte, wenn der Vorwurf begründet wäre.

Auffallend ist in der lysianischen Rede allerdings die Ausführlichkeit und Umständlichkeit, die Verschwendung rhetorischer Mittel, mit der eine scheinbar einfache Sache vertreten wird. Blass[2] nimmt an, diese Weitläufigkeit sei der Ausdruck des Behagens, mit dem der Sprecher die Gelegenheit ausbeute, seinen Feind lächerlich zu machen und wie einen dummen Jungen zu behandeln. — Vielleicht war aber die Sache doch nicht so einfach. Da das Gesetz offen-

---

[1] S. o. p. 26.
[2] F. Blass, attische Beredsamkeit I p. 606.

sichtlich eine Bestrafung der Verbalinjurie nur innerhalb einer festen Grenze wollte[1], so mochte sich wohl ein Gericht nun auch stricte an den Wortlaut des Gesetzes gebunden erachten. Ueberdies sind wir über die eingeklagte Aeusserung des Theomnestos und seine Verteidigungsweise nicht näher unterrichtet. Vielleicht hat Lysias letztere nicht richtig wiedergegeben oder absichtlich entstellt. Theomnestos hatte vielleicht gar nicht allgemein verneint, dass λέγειν ἀπεκτονέναι und ἀνδροφόνον λέγειν gleichbedeutend seien, sondern nur für den concreten Fall behauptet, dass in seiner Aussage der Vorwurf des Mordes nicht gefunden werden könne; man denke etwa daran, dass das Wort κτείνειν auch für φόνος δίκαιος verwendet wird.

Die Erhebung einer falschen Anklage wird anscheinend nicht als κακηγορία behandelt. Unter den poenae temere litigantium wird die δίκη κακηγορίας nirgends erwähnt, ebensowenig sind Anwendungsfälle bezeugt. Platner II p 191 will allerdings einen solchen bei Lysias g. Theomn. erwähnt finden[3]: Theomnestos habe eine δίκη κακηγορίας angestellt, weil er wegen Schildwegwerfens belangt worden war. Dies ist aber bei Lysias nicht gesagt. Der Ankläger in der Eisangelie heisst Lysitheos (§ 1), während die Person, die von Theomnestos nachher κακηγορίας belangt wird, Theon heisst (§ 12). — Ueberdies trennt Demosthenes in der Kranzrede (123, 268) ausdrücklich Anklage (κατηγορία) und Beleidigung, bei ersterer werfe der Ankläger dem Angeklagten eine strafbare Handlung vor (ἀδικήματ᾽ ἔχειν, ὧν ἐν τοῖς νόμοις εἰσὶν αἱ τιμωρίαι) und unternehme überdies den Versuch

---

[1] S. o. p. 26.

[2] S. etwa Philippi, Areopag p. 55 ff. — Zu vergleichen sind auch die Ausführungen Plato's (Gesetze 943 D) über den Vorwurf des ἀποβεβληκέναι ὅπλα.

[3] Er hält es für gleichgültig „ob man jemandem den Vorwurf einer entwürdigenden Handlung im allgemeinen gemacht oder in eine Klage eingekleidet hatte"

ernsthafter Beweisführung *(ἵν' ἐξελέγχωμεν, ἐάν τις ἠδικηκώς;
τι τυγχάνῃ τὴν πόλιν)* [1]. Der Ankläger übernimmt durch die
Anklageerhebung Pflichten und ein Risico [2], dies bildet
einen genügenden Schutz für den durch die Anklage bedrohten.

Eher liesse sich der Satz vertreten, dass eine Zeugenaussage unter den Begriff der *κακηγορία* gebracht werden
könnte [3]. In Lysias' Rede gegen Theomnestos erfahren wir,
dass dieser gegen Theon *κακηγορίας* geklagt hatte, da dieser
ihm Wegwerfen des Schildes vorgeworfen hatte (§ 12);
andrerseits wird berichtet, dass eine (unbenannte) Person,
die als Zeuge im Prozess Lysitheos-Theomnestos das Schildwegwerfen des letzteren konstatiert hatte, infolge eines von
Theomnestos angestrengten Prozesses in Atimie verfiel (§ 22).
Es würde an sich nahe liegen, diese Zeugenaussage auf die
eben erwähnte Aussage des Theon zu beziehen. Aber
später (§ 30) wird als Zeuge ein Dionysios genannt, so dass
dieser wohl auch in § 22 gemeint ist. Auch hier darf festgestellt werden, dass ein Bedürfnis, Zeugen mit einer *δίκη
κακηγορίας* zu belangen, insofern nicht vorlag, als in solchen
Fällen den Betroffenen bereits hinreichende andere Mittel in
die Hand gegeben waren [4].

---

[1] S. hiezu auch Szanto, Wiener Studien XIII p. 159.

[2] Für öffentliche Klagen ist besonders auf die Bestimmung zu verweisen, dass der unterliegende Kläger, der nicht einen Fünftel der
Richterstimmen auf seinen Antrag vereinigt, in eine Busse von tausend
Drachmen verfällt.

[3] Die Frage ist noch gar nicht untersucht.

[4] Vgl. im allg. Meier-Schömann-Lipsius II p. 486 ff. — Die Klage
in § 22 dürfte also die *δίκη ψευδομαρτυριῶν* sein; dass der Beklagte
dabei in Atimie verfiel, ist wohl auf ein richterliches Prostimema zurückzuführen, da sonst erst eine dritte Verurteilung wegen falschen
Zeugnisses infamierte. Hier hatte der Zeuge eine Aussage gemacht,
die den Vorwurf einer ehrenrührigen Handlung involvierte, in solchen
Fällen musste es für den Richter besonders nahe liegen, der Strafe die
„Zubusse" der Atimie beizufügen.

Besteht die Schmähung im Vorwerfen einer bestimmten Thatsache, so wird der Angeklagte zum Wahrheitsbeweise zugelassen [1]. Das Gesetz über κακηγορία scheint das Wort ψευδῆ enthalten zu haben [2]. In einem Fall wird auch bei Wahrheit des Vorwurfes doch wegen κακηγορία verurteilt: wenn jemand einem Bürger (oder einer Bürgerin) vorwirft, dass er auf dem Markte ein Gewerbe treibe und feil halte (ἐργασία ἐν τῇ ἀγορᾷ) [3]. —

Das Vorhandensein eines animus injuriandi wird nirgends besonders gefordert; es wird nur gelegentlich bemerkt, dass der Richter auf den Zorn und die momentane Erregung des Beleidigers keine Rücksicht nehmen dürfe, da das Gesetz [schlechthin] den bestrafe, der das verbotene Wort gesprochen hat (ζημιοῖ τὸν λέγοντα), vorausgesetzt, dass dieser nicht den Wahrheitsbeweis erbringt. Der Thäter wird bestraft, weil er „entgegen dem Gesetz" spricht [4]. Die beleidigenden Aeusserungen werden auch als βλασφημίαι bezeichnet [5]. Schmähungen — straflos — wieder mit Schmähungen zu erwiedern, ist nicht gestattet [6]. — Plato (Ges. XI 935 C ff.) unterscheidet zwei Fälle, je nachdem die Beleidigung im Ernst und Zorn (μετὰ θυμοῦ) oder im Scherz (μετὰ παιδιᾶς) erfolgt; in beiden Fällen soll der Gegner

---

[1] Lys. g. Theomn. 30: ζημιοῖ τὸν λέγοντα, ἐὰν μὴ ἀποφαίνῃ, ὥς ἐστιν ἀληθῆ τὰ εἰρημένα.
[2] Demosth. g. Aristokr. 50, 635: [ὁ νόμος] τὰ ψευδῆ προσέθηκεν.
[3] Demosth. g. Eubul. 30, 1308. — Dieser Fall unterscheidet sich wesentlich von den anderen; die δίκη κακηγορίας scheint hier die fehlende γραφὴ ὕβρεως διὰ λόγων zu ersetzen.
[4] Lys. g. Theomn. 30; vgl. 26: λέγει παρὰ τοὺς νόμους.
[5] Demosth. Kranzrede 123, 268 u. g. Boiot. II 49, 1023.
[6] Eine Bestimmung, analog dem ἄρχειν χειρῶν ἀδίκων bei der δίκη αἰκίας, fehlt. Plato erklärt die Schmähtrede ausdrücklich strafbar ohne Rücksicht darauf, ob sie der Thäter ἄρχων oder ἀμυνόμενος verübt hat (Ges. XI 935 C). Auch die solonische Bestimmung über die Schmähung Verstorbener lässt Strafe eintreten, auch wenn der Beleidiger zuerst von den Erben des Verstorbenen geschmäht wurde. (Plut. Sol. 21). —.

lächerlich gemacht werden[1]. Im allgemeinen sollten beide Fälle freilich gleich behandelt, d. h. bestraft werden; dies gilt auch für die komischen Dichter; nur den Dichtern, die das fünfzigste Jahr erreicht haben, ist es unter besonderen Voraussetzungen erlaubt, Spottverse zu machen im Scherze, nicht im Zorn[2]. In der positiven Gesetzgebung fehlt es an analogen Unterscheidungen. — Ueber beleidigende Aeusserungen in Gerichtsreden s. o. p. 24 N. 4.

4. Das Verfahren in κακηγορία-Prozessen zeigt keine Besonderheiten. Die Klage steht als Privatklage nur dem Verletzten zu. Den Vorprozess vor dem Diaiteten zeigt Lys. g. Theomn. 6. — Von einer Beschleunigung des Prozesses und besonderen Bestimmungen über Kosten verlautet nichts.

5. Competente Gerichtsbehörde sind nach Aristoteles[3] und Pollux die Thesmotheten in dem besonderen Fall, wo ein Sklave einen Freien injuriirt. Da Competenz der Thesmotheten in Privatklagen nur selten eintritt, so darf aus diesen Berichten geschlossen werden, dass für Injurienprozesse gegen freie Personen einer anderen Gerichtsbehörde, wahrscheinlich den Vierzigmännern, die Vorstandschaft zukam. Ueber die besondere Behandlung des Sklaven s. u. N. 3.

6. Die δίκη κακηγορίας ist gerichtet auf Bezahlung einer Geldsumme im festen Betrag von fünfhundert Drachmen[4]. Lysias nennt die Strafe eine

---

[1] Plato Ges. XI. 935 A. ff.
[2] Plato Ges. VIII 829 C ff.
[3] Arist. St. d. Ath. LIX, 5: εἰσάγουσι δὲ καὶ δίκας ἰδίας, ἐμπορικὰς καὶ μεταλλικὰς καὶ δούλων, ἄν τις τὸν ἐλεύθερον κακῶς λέγῃ. Poll. VIII 88. Hierbei mag der Vorprozess vor dem Diaiteten weggefallen sein. S. vorläufig Lipsius, Berichte ü. d. Verhdlg. d. sächs. Akad. XLIII (1891) p. 58 A. 1. — Näheres am Ende dieser Abhandlung.
[4] Isokr. g. Lochit. 3; Lys. g. Theomn. 12. — Bezüglich der Höhe vergleiche man etwa die tausend Drachmen, die bei öffentlichen Klagen der Ankläger zahlt, wenn er nicht ein Fünftel der Richterstimmen für seinen Antrag erhält. Die tausend Drachmen bei Demosth. g. Meid. 90 (543) erklären sich daraus, dass hier zwei Personen injuriirt waren.

unbedeutende, freilich in einem Fall, wo es sich um Ahndung einer schweren Injurie handelte[1]. Die Summe fällt dem Kläger, also dem Verletzten, zu[2]; sie bildet gleichsam eine Belohnung des Beleidigten dafür, dass er sich durch die Beleidigung nicht zu Thätlichkeiten hat hinreissen lassen[3]. Wegen Verbalinjurien Klage zu erheben, galt im allgemeinen als „eines Freien nicht würdig und streitsüchtig" (ἀνελεύϑερον καὶ λίαν φιλόδικον[4]).

C. Die γραφὴ ὕβρεως.

1. Das Gesetz[5] über die ὕβρις ist uns doppelt überliefert, es lautet

a. nach Aischin. g. Timarch. 15 (41):

(νόμος — ἐν ᾧ διαῤῥήδην γέγραπται) ἐάν τις ὑβρίζῃ εἰς παῖδα — ἢ ἄνδρα ἢ γυναῖκα, ἢ τῶν ἐλευϑέρων τινὰ ἢ τῶν δούλων, ἢ ἐὰν παράνομόν τι ποιῇ εἰς τούτων τινὰ, γραφὰς ὕβρεως εἶναι πεποίηκεν καὶ τίμημα ἐπέϑηκεν, ὅ τι χρὴ παϑεῖν ἢ ἀποτῖσαι.

b. nach Demosth. g. Meid. 47 (521):

ἐάν τις ὑβρίσῃ εἴς τινα ἢ παῖδα ἢ γυναῖκα ἢ ἄνδρα τῶν ἐλευϑέρων ἢ τῶν δούλων ἢ παράνομόν τι ποιήσῃ εἰς τούτων τινὰ, γραφέσϑω πρὸς τοὺς ϑεσμοϑέτας ὁ βουλόμενος Ἀϑηναίων οἷς ἔξεστιν.

---

[1] Lys. g. Theomn. 22 (συμφορὰ οὐδενὸς ἀξία, εἰ κατηγορίας ἁλώσεται).
[2] Bestritten. Dafür Platner II p. 192, Meier-Schömann-Lipsius II p. 629; dagegen Frohberger, Lysias II p. 56; unentschieden Thalheim p. 41 A. 5. M. E. verbietet es die grundsätzliche Differenz zwischen solonischer und nachsolonischer Gesetzgebung über Verbalinjurien (s. o. p. 24), den Teilungsmodus der ersteren auch auf letztere anzuwenden.
[3] Demosth. g. Kon. 18 (1262).
[4] Lys. g. Theomn. 2.
[5] Ueber und gegen die Ansicht, dass es mehrere νόμοι ὕβρεως gegeben habe, vgl. Meier-Schömann-Lipsius I p. 397 A. 567. Die Wendung ἔνοχος ταῖς τῆς ὕβρεως γραφαῖς bei Demosth. g. Kon. 1 (1256) kann sich daraus erklären, dass nach Auffassung des Sprechers der Thatbestand der Hybris mehrmals vorlag.

Die Vergleichung ergibt, dass sich der erste Satz des demosthenischen Textes im wesentlichen mit dem Referat des Aischines deckt. Die übrigen Sätze — wesentlich prozessuale Bestimmungen enthaltend — fehlen bei Aischines [1], die Aechtheit ist bestritten; s. u. Abschnitt 6.

Das Gesetz bedroht mit Strafe das ὑβρίζειν ἢ παράνομόν τι ποιεῖν. Damit soll gewiss nicht gesagt sein, dass wegen jeder Gesetzesverletzung die γραφὴ ὕβρεως angestellt werden konnte; erfordert wird ein rechtswidriger Angriff gegen eine Person (v. εἰς τούτων τινά)[2]; sodann: das παράνομόν τι ποιεῖν muss Ausfluss der ὕβρις sein [3].

2. Der Begriff der ὕβρις im Rechtssinn ist in den Quellen nirgends genau definiert.

Aristoteles erblickt in der Hybris eine Art der ὀλιγωρία [4], der Thäter behandelt den Gegner, wie wenn dieser „nichts wert" (οὐδενὸς ἄξιος) wäre; er will sich „überheben" (ὑπερέχειν) [5] und freut sich darüber, dass dies dem Gegner Schmach (αἰσχύνη) und Schimpf (ὄνειδος) [6] einträgt. In der Hybris liegt ein Entehren oder Nichtehren (ἀτιμάζειν), denn die Ehre des Menschen besteht nach Aristoteles mehr in dem der ehrt, als in dem der geehrt wird [7]; Ehre ist die Meinung anderer über uns. Der Beleidiger will keinen Vor-

---

[1] Das „Gesetz" bei Aischin. g. Timarch. 16 (42) wird heute allgemein als unecht angesehen; s. Meier-Schömann-Lipsius I p. 396 A. 566.

[2] Vgl. Demosth. g. Nausim. u. Xenopeith. 21 (990) ὕβρεις εἰς ἃ μὴ δεῖ.

[3] Dies folgt m. E. aus der Bezeichnung (γραφὴ ὕβρεως) und auch daraus, dass überall das Vorhandensein dieser Absicht betont wird. — Die Wortverbindung ὑβρίζειν ἢ παράνομόν τι ποιεῖν steht auch in dem Gesetz über die κάκωσις bei Demosth. g. Makart. 75 (1076).

[4] Rhet. II 2, 3 ff. Neben der ὕβρις werden als Arten der ὀλιγωρία erwähnt καταφρόνησις und ἐπηρεασμός. In der Politik stellt er die in der ὕβρις enthaltene ἀτιμία der ὀλιγωρία εἰς τὰ χρήματα gegenüber.

[5] Rhet. II, 2, 6.

[6] Ps. Arist. v. d. Tug. 7, 4: ὕβρις, καθ' ἣν τὰς ἡδονὰς αὐτοῖς παρασκευάζουσιν εἰς ὄνειδος ἀγαγόντες ἑτέρους.

[7] Nikom. Eth. I, 5, 4 ff.

teil für sich, er handelt nur, weil es ihm Freude macht[1], seine Ueberhebung andere fühlen zu lassen. So machen sich besonders junge und reiche Leute der Hybris schuldig[2]. Aristoteles unterscheidet geradezu die ἀδικήματα κακουργικά und ὑβριστικά[3].

Plato[4] unterscheidet im Eingang des zehnten Buches fünf Arten der Hybris: 1) gegen Heiligtümer des Volkes oder der einzelnen Phylen oder anderer Vereinigungen dieser Art, 2) gegen Privatheiligtümer und Gräber, 3) gegen Eltern, 4) gegen die Obrigkeit, wenn jemand unter Missachtung der Obrigkeit, ἀφροντιστῶν τῶν ἀρχόντων, ohne Erlaubnis derselben etwas, was jenen gehört, wegnimmt, fortträgt, oder benützt, 5) gegen τὸ πολιτικόν des einzelnen Bürgers, so dass dieser durch die Kränkung veranlasst wird, Klage zu erheben. Im folgenden bespricht Plato dann nur den ersten Fall der ὕβρις εἰς θεούς. Der hier zunächst interessierende fünfte Fall bleibt gänzlich unerörtert.

Demosthenes bringt mehrmals die Hybris in Zusammenhang mit der Unterscheidung von Freiheit und Unfreiheit. Nicht das Geschlagenwerden ist dem Freien schrecklich, wiewohl es schrecklich ist, sondern das ἐφ' ὕβρει τύπτεσθαι[5]. Für den freien Mann ist das Schlimmste die αἰσχύνη, für den Sklaven Schläge und überhaupt körperliche Züchtigung (πληγαὶ χὠ τοῦ σώματος αἰκισμός)[6]. Hybris liegt vor, wenn jemand einen Freien wie einen Sklaven behandelt (ὡς δούλοις χρώμενος τοῖς ἐλευθέροις).[7]

---
[1] Rhet. I 13, 10; II 2, 6. Vgl. Anm. 3.
[2] Rhet. II 12, 15; 16, 4.
[3] Rhet. II 16, 4. — Die Schrift von den Tugenden und Lastern (Cap. VII) unterscheidet drei Arten der ἀδικία: ἀσέβεια, πλεονεξία, ὕβρις.
[4] X, 885 A: πέμπτον δὲ τὸ πολιτικὸν ἂν εἴη ἑκάστου τῶν πολιτῶν ὑβρισθὲν δίκην ἐπικαλούμενον.
[5] Demosth. g. Meid. 72 (538).
[6] Demosth. g. Phil. IV 27 (138).
[7] Demosth. g. Meid. 180 (573). Damit kann Arist. Nik. Eth. IV, 5, 6 verglichen werden: τὸ προπηλακιζόμενον ἀνέχεσθαι ἀνδραποδῶδες.

Der Zusammenhang zwischen Hybris und dem griechischen Ehrbegriff kommt auch zum Ausdruck, wenn Diodor im Referat über die Gesetzgebung des Charondas die entehrenden Strafen mehrmals als ὕβρις, κόλασις διὰ ὕβρεως bezeichnet.[1] Die Strafe besteht darin, dass der Angeklagte sich eine Behandlung gefallen lassen muss, die sonst eine (strafbare) Hybris gegen ihn darstellen würde.

Hienach ist es vor allem die Absicht, auf die es ankommt; nicht die äussere Erscheinung der That, sondern die Gesinnung, aus der die That entspringt. Das wird allgemein gesagt und bei der Vergleichung der Hybris mit anderen Delikten betont. Darin liegt auch die besondere Schwierigkeit des Beweises in Hybris-Prozessen begründet. Demosthenes[2] führt aus: Wenn einer in beleidigender Absicht schlägt, so kann sich diese Absicht kundgeben in den begleitenden Geberden, in Blick und Stimme; dem Verletzten kann es schwer fallen, anderen — den Richtern — den Vorgang ganz deutlich zu machen, das Entehrende in der Klarheit vorzuführen, in der es ihm [dem Verletzten] und den unmittelbaren Zeugen der That entgegen trat.

Mehrmals wird die Frage erörtert, ob Hybris durch Zorn und Anreizung ausgeschlossen werde. Demosthenes vergleicht die That des Meidias mit der eines Polyzelos, der ὀργῇ καὶ τρόπου προπετείᾳ geschlagen hatte, und scheint die Anwendbarkeit der γραφὴ ὕβρεως auszuschliessen.[3] Es handelt sich aber hier nicht um die Begriffsbestimmung der Hybris, sondern um die Frage, unter welchen Umständen es schicklich sei, auf die an sich zuständige Strafverfolgung zu verzichten. Dass ὀργή und ὕβρις sich nicht schlechthin ausschliessen, sagt Demosthenes an anderer Stelle ausdrück-

---
[1] XII, 12, 2; 16, 2.
[2] Demosth. g. Meid. 72 (537).
[3] A. a. O. 38 (526): οὐδ' ἐφ' ὕβρει ἐποίησεν.
[4] Demosth. g. Meid. 41 (527); g. Nikostr. 10 (1251). — Anderer Ansicht anscheinend Meier-Schömann-Lipsius II p. 647 N. 451.

lich. Ebenso ist ὕβρις vereinbar mit jugendlichem Uebermut, Radaulust, die ganze Verteidigung des Konon und seiner Söhne erscheint in dieser Beziehung als aussichtslos. — Auch Trunkenheit schliesst die Hybris nicht aus. Die Ueberhebung kann in mannigfacher Gestalt in die äussere Erscheinung treten. Besonders häufig handelt es sich um **Anwendung überlegener physischer Gewalt, Vergewaltigung. Dies scheint auch der Ausgangspunkt für die Entwicklung des Hybrisbegriffs gewesen zu sein.**

In seiner allgemeinen Auseinandersetzung über die γραφὴ ὕβρεως ist Demosthenes[1] durchaus von der Idee beherrscht, dass Hybris Gewaltäusserung sei: der Gesetzgeber betrachte alles, was mit Gewalt geschehe, (ὅσα τις βιαζόμενος πράττει) als eine gemeinschaftliche Beeinträchtigung aller; nur wenige verfügen über Kraft und Gewalt, die Gesetze seien aber für alle bestimmt: deswegen werde die γραφὴ ὕβρεως jedem gewährt. Auch die Etymologie des Wortes führt auf denselben Ausgangspunkt. Die Zusammenstellung von ὕβρις mit ὑπέρ, ὑπερβασία[2], superbia, ist von der neueren Forschung aufgegeben.

Bezzenberger[3] führt ὕβρις zurück auf die Sanskritwurzel ugrá (gewaltig), die im lateinischen augeo (griech. αὐξάνω) wiederkehrt. Bugge[4] teilt ὕβρις in υ-βρι-ς, ϑ sei

[1] Demosth. g. Meid. 45 (528). — Ein weiteres Argument für diese ursprüngliche Bedeutung von ὕβρις bildet die Bestrafung der ὕβρις an Sklaven, die sich aus dem Gesichtspunkt der Herabwürdigung schwer erklären lässt. S. u. p. 43. — Die Bedeutung von Gewaltthat hat ὕβρις wohl auch im Munde des Hippodamos Arist. Pol. II 5 p. 1267.
[2] S. E. Curtius, griech. Grammatik; es ist einleuchtend, dass diese Etymologie des Wortes zu den Erörterungen des Aristoteles sehr wohl passen würde.
[3] In seinen Beiträgen II p. 155 f. beistimmend, G. Meyer, griech. Grammatik 3. Aufl. (1896) p. 267. (ὕβρις = Vergewaltigung).
[4] Bezzenberger's Beiträge XIV p. 62 ff.; beistimmend Brugmann, griechische Grammatik 2. Aufl. p. 220. — Zwischen Bugge und Bezzenberger schwankend Osthoff, indogerman. Forschg. IV (1894) p. 280. — Ich verdanke diese Nachweise meinem Collegen Adolf Kägi.

das Sanskritpraefix ud (hinauf), in βρι sei der Stamm von βριαρός stark, zu erkennen; daher Grundbedeutung von ὕβρις: jemand stürzt sich mit dem Uebergewicht seiner Kraft auf etwas. Den Hauptfall bildet daher die ὕβρις διὰ πληγῶν[1], Schläge. Dadurch berühren sich ὕβρις und αἰκία. Versuche einer Abgrenzung zwischen beiden finden sich in den Quellen mehrfach. Im Lexikon Seguerianum S. 355 wird unterschieden: αἰκία ist ὕβρις ἔμπληγος. Die αἰκία erfordert notwendig Schläge; ὕβρις gibt es auch ohne Schläge; notwendig ist aber προπηλακισμός (Beschimpfung)[2] und ἐπιβουλή[3] (Nachstellung). Deswegen sind die Strafen bei αἰκία geringer und die Gerichtshöfe (in beiden Fällen) verschieden.

Nach dem Etymologicum magnum p. 774 ist ὕβρις ἡ μετὰ προπηλακισμοῦ καὶ ἐπηρείας[3] (Schmähung) αἰκία, αἰκία δὲ πληγαὶ μόνον.

Aristoteles, Rhet. I 13, 70 p. 1374 a vgl. II, 2, 6 p. 1378 b: wenn einer schlägt (ἐπάταξε), ist das noch nicht ohne weiteres Hybris, sondern nur dann, wenn er in einer bestimmten Absicht geschlagen hat, [nämlich] um jenem Schmach anzuthun (ἀτιμάσαι) oder lediglich, um sich selbst ein Vergnügen zu bereiten (αὐτὸς ἡσθῆναι). —

Hieraus ergibt sich, dass ein Unterschied zwischen beiden Begriffen gemacht und empfunden wurde. Besonders wird hervorgehoben, dass für die γραφὴ ὕβρεως — eben weil diese Absicht des ἀτιμάζειν bewiesen werden musste[4] — der Beweis erschwert sei. In praxi freilich wird die

---

[1] Das Arg. zu Demosth. g. Meid. unterscheidet: ὕβρις διὰ πληγῶν, δι' αἰσχρουργίας, διὰ λόγων.
[2] Eigentliche Bedeutung: mit Koth bewerfen oder in den Koth treten.
[3] Ueber dieses Wort Gilbert p. 524 (532); vgl. Isai. Erbsch. d. Kiron 41: ἐπιβουλεύσας ἠτίμωσε καὶ γραφὴν ὕβρεως γραψεὶς κτλ.
[4] Demosth. g. Meid. 82 (538); g. Kon. 1 (1256).

Unterscheidung, — namentlich bei der Ausdehnung, die dem Hybrisbegriff gegeben wird[1] — eine erhebliche Rolle nicht gespielt haben; regelmässig standen für denselben Thatbestand beide Klagen zur Verfügung. Nur so erklärt es sich, dass die beiden Bezeichnungen promiscue verwendet werden, dass ein und dasselbe Ereignis bald als αἰκία bald als ὕβρις bezeichnet wird[2], dass der Kläger im αἰκία-Prozess versichert, er hätte auch ὕβρεως klagen können.[3] Die Unterscheidung wäre nur dann von erheblicher praktischer Bedeutung, wenn wirklich für die αἰκία auch fahrlässige Begehung genügte: aber gerade in dieser Richtung wird nirgends zwischen αἰκία und ὕβρις unterschieden[4].

Neben der ὕβρις διὰ πληγῶν erwähnen die Grammatiker eine ὕβρις δι' αἰσχρουργίας, Schändung; vgl. die Gesetzesworte: εἰς παῖδα ἢ γυναῖκα ἢ ἄνδρα. Auch hier ist — jedenfalls zunächst — nur an Vergewaltigung (βιάζεσθαι) zu denken[5], nicht an jedes stuprum, wie denn überhaupt das griechische Recht in der Behandlung der Sittlichkeitsvergehen durchaus Vergewaltigung und Verführung trennt[6]. Aischines will freilich auch die Miete eines Knaben zur Ausübung widernatürlicher Unzucht als ὕβρις behandelt wissen; es ist dies aber wohl mit Meier[7] einzuschränken auf den besonderen Fall, wo die Einwilligung von einem Minderjährigen gegeben wird und rechtlich nicht als Einwilligung

---
[1] S. u. p. 41.
[2] Demosth. g. Meid. 35 (525). Isokr. g. Loch. 5.
[3] Demosth. g. Kon. 1 (1256). 24 (1264).
[4] S. o. p. 8.
[5] Plato lässt ὑβρίζειν mit βιάζεσθαι εἰς τὰ ἀφροδίσια abwechseln. (874 c); ὑβρίζειν (im engeren Sinn von αἰσχρουργία) dem τύπτειν gegenübergestellt bei Arist. Nik. Eth. V, 1, 14 p. 1129.
[6] S. Thalheim, p. 42. und die dort citierten. — Zweifelhaft ist die Behandlung der einschlägigen Fragen im Recht von Gortyn: die dunkle Stelle II 16 (§ 10 im Recueil) ist wohl eher auf Versuch der Vergewaltigung (Thalheim, Recueil) als auf Verführung (Zitelmann) zu beziehen.
[7] S. Meier-Schömann-Lipsius I p. 397.

gilt. Auch hier steht neben der γραφὴ ὕβρεως eine Privatklage, die δίκη βιαίων[1].

Als Hybris werden weiter erwähnt Fälle von Freiheitsberaubung[2].

Handelt es sich hier überall offensichtlich um Gewaltanwendung, so scheint doch der Hybrisbegriff auch auf dem Rechtsgebiet eine Ausweitung und Verfeinerung erfahren zu haben in dem Sinne, dass jeder — über die blosse Verbalinjurie (s. u.) hinausgehende — Angriff gegen die Person, der eine Beschimpfung (ἀτιμάζειν) einer anderen Person in sich schloss, die γραφὴ ὕβρεως begründete. Nur so lässt sich verstehen, wenn Grammatiker und Lexikographen nicht auf das Moment der Gewaltanwendung, sondern auf das ἀτιμάζειν, ἐπηρεάζειν, ὀλιγωρεῖν abstellen. Nach Pollux[3] hat Hypereides (wohl in der Rede gegen Dorotheos) neben dem κονδυλίζειν[4] (Schlag mit der geballten Hand) auch das πρὸς τὸ πρόσωπον προσπτύειν (ins Gesicht spucken) als ὕβρις angesehen. Die Unterredung zwischen Solon und dem Skythen Anacharsis bei Lukian. Anach. 11 (890) macht wahrscheinlich, dass auch in dem Zerreissen von Kleidern eine ὕβρις gefunden wurde. Dass auch für das Bewerfen mit Koth dasselbe galt, wird durch die häufige Verwendung von προπηλακισμός (s. o.) für ὕβρις wahrscheinlich. Auch in der Behauptung des Aischines, dass ὁ μισθούμενος — ὑβρίζει — ist vielleicht eine Weiterentwicklung des Hybrisbegriffes zu erkennen[5]. —

---

[1] S. über diese Thalheim Art. βιαίων δίκη in Pauly-Wissowa's Realencyclopaedie. Nach Lys. v. Erm. d. Erat. (I) 32 sprach das Gesetz von αἰσχύνειν βίᾳ. — Aristoteles Polit. V, 9, 17 (1315) nennt als zwei Arten der Hybris κόλασις εἰς σώματα, (ὕβρις) εἰς ἡλικίαν.

[2] Demosth. g. Nikostr. 16 (1251) v. δήσαιμι; Isai. Erbsch. des Kiron 41, und dazu Meier-Schömann-Lipsius I p. 393 N. 557.

[3] VIII 76; vgl. Sauppe fragm. or. p. 291.

[4] Vgl. Demosth. g. Meid. 72 (537): ὅταν ὡς ὑβρίζων — ὅταν κονδύλοις, ὅταν ἐπὶ κόρρης (Ohrfeige); vgl. Harpokration s. v. ἐπὶ κόρρης. —.

[5] Hier lag die Anwendung der Hybris-idee deswegen besonders nahe, weil der muliebria passus von Gesetzes wegen ἄτιμος wird, Aisch. g. Tim. 14, 40 und dazu Platner II p. 220, 221.

Auch bei Plato[1] geht der Begriff der ὕβρις über den Kreis der Gewaltthätigkeiten hinaus. Der zweifelhafteste Fall ist derjenige des Phormio[2]. Pasion hatte seine Frau Archippe seinem Freigelassenen Phormio durch Testament zugewiesen. Apollodor, Sohn des Pasion und der Archippe, stellt gegen Phormio die γραφὴ ὕβρεως an. Wie die Klage begründet wurde, ist nicht gesagt, man muss aber aus der Rede für den Phormio[3] schliessen, dass die Hybris gerade in der Verbindung mit Archippe gefunden wurde. Die Klage blieb ohne Erfolg, so dass „ihre gesetzliche Berechtigung fraglich ist" (Lipsius). Immerhin erwähnt auch Plato XI 919 E eine γραφὴ αἰσχύνης γένους für den Fall, wo einer durch Betreibung eines „unfreien Gewerbes" sein Geschlecht beschimpft. —

Dagegen ist nicht nachweisbar[4], dass eine ὕβρις διὰ λόγων die γραφὴ ὕβρεως begründete; geradezu gegen die Annahme einer solchen sprechen die Ausführungen des Demosth. g. Meid. 32 (524) mit ihrer Gegenüberstellung ὑβρίζειν (später πατάσσειν) — γραφὴ ὕβρεως; κακῶς λέγειν — δίκη κακηγορίας[5]. Der durch Worte verletzte ist auf die Geltendmachung der δίκη κακηγορίας angewiesen.

Das Gesagte zeigt bereits, was sich in den beiden folgenden Abschnitten noch deutlicher ergeben wird: dass für die Bestrafung der Hybris massgebend ist nicht sowohl, dass der Thäter die Interessen eines anderen verletzt und in eine fremde Rechtssphäre eingegriffen hat, als dass der

---

[1] Ges. X 885 A v.: εἰς γονέας τρίτα, χωρὶς τῶν ἐμπροσθεν εἰρημένων, ὅταν ὑβρίζῃ τις. Unter den ἐμπροσθεν εἰρημένα sind die Ausführungen über die αἰκία 880 E ff. zu verstehen.

[2] Demosth. g. Steph. I 3 (1102), f. Phorm. 30 (954); 47 (958).

[3] 30, 954: οὐδ' αὐτὸν ὑβρίζων οὐδ' ὑμᾶς τοὺς υἱεῖς — ἔδωκεν τὴν ἑαυτοῦ γυναῖκα, μητέρα δ' ὑμετέραν τούτῳ. — Andere denken an eine Verführung, s. darüber und dagegen Lipsius I p. 398 n. 569.

[4] So auch Thalheim p. 400, und Meier-Schömann-Lipsius I p. 394.

[5] Man müsste, um zu anderen Resultaten zu gelangen, das καὶ γρ. b. καὶ δικ. κακ. urgiren.

Thäter über seine eigene Rechtssphäre hinausgegriffen, seine Freiheit missbraucht und so die Interessen des Gemeinwesens gefährdet hat.

3. Hybris kann auch gegenüber einem Sklaven begangen werden, der überlieferte Gesetzestext[1] sagt es ausdrücklich und ohne zwischen verschiedenen Arten der Hybris zu unterscheiden[2]. Bezüglich der Schläge ist übrigens auch sonst nachgewiesen, dass es allgemein verboten war, [fremde] Sklaven zu schlagen[3]. Die γραφή ὕβρεως wird verschieden begründet. Demosthenes[4] führt sie auf eine besondere φιλανθρωπία der Hellenen zurück, die bei den Barbaren die höchste Bewunderung wecken müsse. Aischines[5] dagegen lehnt den Gedanken, dass das Interesse des Sklaven selbst eine Rolle gespielt habe, gänzlich ab; der Gesetzgeber habe dem Verbot der Hybris gegen Freie durch Ausdehnung auch auf die Sklaven besonderes Gewicht verschaffen wollen. Der Verfasser der Schrift vom Staat der Athener I 10 verweist auf die Schwierigkeit, den Freien vom Sklaven zu unterscheiden[6]: der Freie wäre gefährdet, wenn der Sklave straflos injuriiert werden dürfte. Nirgends wird die Bestrafung damit begründet, dass die Verletzung des Sklaven eine Beleidigung des Eigentümers sei, einen Eingriff in seine Herrenrechte darstelle.

Ob der Verletzte frei oder Sklave war, wurde natür-

---

[1] S. o. p. 34 ; vgl. Hyper. bei Athen. (Saupp. frg. p. 295): ἔθεσαν οὐ μόνον περὶ τῶν ἐλευθέρων ἀλλὰ καὶ ἐάν τις εἰς δοῦλου σῶμα ὑβρίσῃ, γραφὰς εἶναι κατὰ τοῦ ὑβρίσαντος.

[2] p. 39 N. 1.

[3] [Xenoph.] v. Staat d. Ath. I, 10.

[4] G. Meid. 48 (529) ff. —.

[5] G. Timarch. 17 (43).

[6] Damit vergleiche man die Erzählung bei Demosth. g. Nikostr. 16 (1251), wo die Gegner gerade mit einer solchen Verwechslung rechnen; sie erwarten, der Sprecher werde den freien Knaben für einen Sklaven halten und sich (deswegen) an ihm vergreifen.

lich bei Ausmessung der Strafe berücksichtigt[1] und konnte auch in prozessualischer Beziehung von Bedeutung werden; s. u. p. 53. Kläger ist der Herr des Sklaven, er klagt dann in eigenem Namen, aber „ὑπὲρ δούλου"[2]; regelmässig wird er es wohl vorgezogen haben, an Stelle der γραφὴ ὕβρεως eine für ihn vorteilhaftere Privatklage[3] anzustellen. Eine γραφὴ ὕβρεως des Sklaven gegen den eigenen Herrn ist ausgeschlossen[4]; ihre Zulässigkeit wird weder durch den allgemeinen Gesetzestext, noch durch das Lob des Demosthenes bewiesen. Der Sklave ist darauf angewiesen, durch Geltendmachung des Asylrechts Befreiung von dem Herren herbeizuführen [πρᾶσιν αἰτεῖν][5]. — Eine besondere Klage des Sklaven gegen den eigenen Herrn bei ὕβρις δι' αἰσχρουργίας gewährt das Recht von Gortyn[6], das aber überhaupt dem

---

[1] Ich halte dies für selbstverständlich, wiewohl es Drerupp 299 zu bestreiten scheint. Man vergleiche etwa die verschiedene Behandlung der Notwehrhandlung bei Plato Ges. IX 869 und die Betonung der Freiheit der injuriierten Person bei Demosth. v. d. Truggesandtsch. 196 (402). --
[2] Athen. VI 92 p. 266.
[3] Die δίκη βλάβης, wenn ein Schaden entstanden war. Auch die δίκη αἰκίας war wohl zuständig; die Bedenken dagegen (Beauchet II p. 431 N. 2) scheinen mir nicht begründet.
[4] So auch Thalheim, Rechtsaltertümer p. 38 (v.: insofern es nicht die eigenen waren). — Vgl. auch Arist. Nik. Eth. V, 6, 8. Das Gegenteil soll nach Beauchet II p. 430 bei Athen. VI 19 stehen; wahrscheinlich ist VI 91 (92) gemeint, wo aber vom Sklaven schlechthin, nicht vom eigenen Sklaven die Rede ist.
[5] S. Meier-Schömann-Lipsius II p. 627. Beauchet II p. 437 ff.
[6] [= § 9 Rec.]: der Fall, wo jemand ἐνδοθιδίαν δώλαν κάρτει δαμάσαιτο. Zitelmann p. 102 versteht unter ἐνδοθιδία eine Haussklavin, die Herausgeber des Recueil eine eigene Sklavin des Vergewaltigers. Für letzteres spricht, dass hier ausnahmsweise die Sklavin selbst schwört, während sonst der Herr für sie zu schwören hat (Rec. p. 425); ein solcher Eid des Herrn hätte hier keinen Sinn, da der Herr selbst der Thäter ist. — Die Strafe wird verschieden bemessen, je nachdem die Sklavin jungfräulich ist oder nicht, je nachdem die That bei Tage oder bei Nacht begangen wird.

Sklaven eine wesentlich andere Stellung einräumt als das attische Recht.

4. Die Hybris wird durch eine öffentliche Klage verfolgt, γραφὴ ὕβρεως: die Klage steht nicht nur dem Beleidigten, sondern jedermann, τῷ βουλομένῳ, zu [1]. Nach griechischer Auffassung ist die ὕβρις ein öffentliches Delikt, an dessen Ahndung der Staat ein Interesse hat [2]; das Delikt wird als ein schweres bezeichnet [3]. Die Majestät des Volkes ist in dem einzelnen Bürger mitverletzt.

Demosthenes [4] führt aus: wer sich Gewaltthätigkeiten erlaubt, verletzt dadurch nicht nur den direkt Betroffenen, sondern auch die ferner Stehenden (οἱ ἔξω τοῦ πράγματος). Kraft haben nur wenige, die Gesetze aber sind für alle bestimmt. So hat derjenige, dem Gewalt angethan wird, Anspruch auf den Schutz des Gemeinwesens. Deshalb hat der Gesetzgeber für den Fall der Hybris eine öffentliche Klage jedermann verheissen, die Strafsumme aber dem Staate zugewiesen. Er geht von der Ansicht aus, dass der Beleidiger nicht nur dem direkt Betroffenen, sondern auch dem Gemeinwesen Unrecht thue (ἀδικεῖ). Dem Verletzten werde sein Recht dadurch, dass der Thäter bestraft werde, das Geld (Strafsumme) soll er dabei nicht lukrieren.

Die Möglichkeit öffentlicher Verfolgung, Freigebung der Anklage an jedermann (τῷ βουλομένῳ), wird auf Solon zurückgeführt und als durchaus demokratische Neuerung, als eine der drei Hauptreformen des Gesetzgebers, ge-

---

[1] Ueber die Begrenzung der Anklagefähigkeit bei öffentlichen Klagen s. Meier-Schömann-Lipsius I p. 199.

[2] δημόσιος ἀγών: Bekk. anecd. p. 312; κοινὸν πρᾶγμα: Isokr. g. Lochit. 2.

[3] Demosth. g. Nausim. u. Xenopeith. 21 (990).

[4] Demosth. g. Meid. 45 (528); ähnl. Aischin. g. Timarch. 17 (43): ὅλως δὲ ἐν τῇ δημοκρατίᾳ τὸν εἰς ὁτιοῦν ὑβριστήν, τοῦτον οὐκ ἐπιτήδειον εἶναι ἡγήσατο συμπολιτεύεσθαι.

priesen[1]. Berücksichtigt man, dass nach Plutarch Solon [s. u.] die öffentliche Klage zuliess πληγέντος ετέρου και βλαβέντος και βιασθέντος, so wird man die Solonische Neuerung, zwar nicht ausschliesslich, aber doch zunächst auf die γραφὴ ὕβρεως beziehen dürfen[2]. Sie hängt aufs engste zusammen mit der ganzen Staatsauffassung des Solon, nach welcher der Mensch nur ein unvollständiges Glied der bürgerlichen Gemeinschaft ist und das Interesse des einzelnen im Interesse des Gesamtwesens aufgehen soll[3].

Daraus erklärt sich auch, dass Hybrisprozesse vor die Thesmotheten[4] verwiesen werden, ursprünglich zur Entscheidung, später — seit der Einführung der ἔφεσις εἰς δικαστήριον (Solon) — zur Einleitung und Ueberweisung an den Volksgerichtshof: γραφέσθω πρὸς τοὺς θεσμοθέτας. — οἱ δὲ θεσμοθέται εἰσαγόντων εἰς τὴν ἡλιαίαν.

Die Thesmotheten sollen von Hause aus τὰ θέσμια φυλάττειν[5], an sie werden daher öffentliche Delikte gewiesen, durch welche der Einzelne über seine Rechtssphäre hinausgreift und so den vom Staat garantierten Frieden stört. Da neben der γραφὴ ὕβρεως an die Thesmotheten die γραφὴ μοιχείας (Ehebruch), γραφὴ προαγωγείας (Kuppelei), ἑταιρήσεως (Paederastie) verwiesen werden, so ergibt die strafrechtliche Competenz der Thesmotheten eine eigenartige cura morum: jeder

---

[1] Plut. Sol. 18, jetzt bestätigt durch Arist. St. d. Ath. c. IX. Die beiden anderen demokratischen Neuerungen sind die Seisachtheia und die ἔφεσις εἰς δικαστήριον, Pflicht des Magistrats, Geschworene zu berufen und auf Grund ihres Spruches Strafe aufzulegen.

[2] Der allgemeine Satz, dass Solon bei jedem Unrecht jedermann die Verfolgung gestattet habe ἐξεῖναι τῷ βουλομένῳ (παντί Plut.) δίκην λαβεῖν ὑπὲρ τῶν ἀδικουμένων ist in dieser Allgemeinheit mit den positiven Vorschriften des attischen Rechts nicht vereinbar, vgl. v. Wilamowitz, Aristoteles und Athen I p. 60.

[3] Plut. Solon. 19. Aristot. Pol. VIII 1, 2.

[4] Demosth. g. Meid. 47 (529); g. Steph. I 4 (1102); g. Pantain. 33 (976); Isokr. g. Lochit. 2. Arist. St. d. Ath. erwähnt im Capitel von den Thesmotheten (LIX) diese Klage nicht.

[5] Arist. St. d. Ath. III 4.

Bürger mag den anderen, der sich nicht gehörig, eines Bürgers würdig, führt, vor die Thesmotheten holen[1].

4. Das Verfahren bei γραφὴ ὕβρεως regeln die allgemeinen Sätze über die öffentlichen Klagen, γραφαί. Nur gilt das Besondere, dass bei ihr keine Parastasis erlegt wird[2]. Parastasis ist die — wahrscheinlich geringe — Gebühr, die der Ankläger bei Einreichung der Klage an den Staat entrichtet. Der Verzicht auf die Parastasis bei der γραφὴ ὕβρεως erklärt sich aus denselben Gründen, wie der Verzicht auf die Prytaneia bei der δίκη αἰκίας[3]. — Weitere Besonderheiten sieht das Gesetz bei Demosth. g. Meid. 47 (529) vor; die Aechtheit des Gesetzes ist bestritten. S. unten Abschnitt 6.

5. Die γραφὴ ὕβρεως ist eine schätzbare Klage, ἀγὼν τιμητός[4]. Das Gesetz hat die Strafe nicht fixiert. Der Ankläger schätzt, was der Angeklagte leiden oder zahlen soll, τί χρὴ παθεῖν ἢ ἀποτῖσαι. Das τίμημα muss auf ein Leiden oder Zahlen gehen. Es wird ausdrücklich erklärt, dass auch Todesstrafe beantragt werden

---

[1] Vgl. Wilamowitz, Aristoteles u. Athen I p. 244 ff.

[2] So erklärt sich, dass Arist. St. d. Ath. LIX die γραφὴ ὕβρεως nicht erwähnt; er spricht nur von γραφαί, ὧν παράστασις τίθεται. Vgl. Wilamowitz, Arist. u. Ath. I p. 244 Lipsius, Ber. d. sächs. Ges. d. Wiss. 1891 p. 47. 48.

[3] Isokr. g. Lochit. 2. Prytaneia werden bei öffentlichen Klagen nicht erlegt. Bei Isokrates umfasst der Ausdruck Parakatabole die Prytaneia der Privatklagen und die Parastasis der öffentlichen Klagen.

[4] Aristot. Problem. 29, 16; Demosth. g. Meid. 45 (528); Aisch. g. Timarch. 15 (41); vgl. dazu das Scholion τίμημα ἐπέθηκεν—τῇ τῆς ὕβρεως γραφῇ ὁ νόμος ἐπέθηκε τίμημα οὐχ ὡρισμένον τι, ἀλλ' ὅτι ἂν τὸ δικαστήριον ἢ εἰς χρήματα ἢ εἰς τὴν ἄλλην ἐπιτιμίαν καταδικάσῃ.

[5] Demosth. g. Meid. 49 (530); g. Kon. 2 (1256); 23 (1264). Lys. frg. Scheib. 44. (= Saupp. fragm. p. 190): τίς οὐκ οἶδεν, ὅτι τὴν αἰκίαν χρημάτων ἔστι μόνον τιμῆσαι, τοὺς δὲ ὑβρίζειν δόξαντας ἔξεστιν ὑμῖν θανάτῳ ζημιοῦν; vgl. auch im lex. Seguer. (Bekk. anecd.) p. 355 u. αἰκίας die Worte: ἐλάττονες εὐθῦναι.

konnte und Todesurteile keine Seltenheit waren. Andere denkbare Strafen: Verbannung, Atimie, Vermögensconfiscation, Gefängnis; Leibesstrafen sind dem attischen Recht hier, wie überall, fremd[1]; von Talion findet sich keine Spur. Die Strafe wird dem Staat entrichtet, der Ankläger überlässt sie ihm[2]. Die Geldstrafe fällt im vollen Betrag in die Staatskasse, der Verletzte erhält nichts davon[3]. A. R. Mücke[4] will unterscheiden: die Klage ist unschätzbar, wenn der Verletzte selbst klagt (γραφὴ ὕβρεως ἰδία); sie ist schätzbar, wenn ein Dritter klagt (γραφὴ ὕβρεως δημοσία); für den ersteren Fall hat das Gesetz die Strafe bestimmt. Eine solche Unterscheidung wird in den Quellen — bezüglich der Strafe[5] — nicht gemacht[6]; sie entbehrt jeder innern Begründung und Wahrscheinlichkeit. Sie nötigt zu einer gezwungenen Deutung der Worte τίμημα ἐπάγειν (solle heissen: die vom Gesetz bestimmte Strafe herbeiführen). Die von Mücke angerufenen Stellen beweisen nicht, was sie beweisen sollen: Ueber die Anekdote des Diogenes s. o. p. 14 N. 3; aus Demosth. g. Pantain. 33 (976) ist schon deswegen nichts zu entnehmen, weil die γραφὴ ὕβρεως dort neben der δίκη αἰκίας genannt wird, für welche die Schätzbarkeit ausser Zweifel steht.

---

[1] Sie sind nur gegenüber Sklaven (und Fremden) zulässig; vgl. Thalheim p. 144 n. 4, Beauchet II p. 425. 426. Zu den dort erwähnten Beispielen (für den Freien Geldstrafe, für den Sklaven körperliche Züchtigung bei demselben Delikt) vgl. jetzt noch die Beispiele bei A. Wilhelm, archaeol. epigr. Mitteilg. aus Oest.-Ung. XX (1897) p. 68 und Demosth. g. Timokr. 167 (752).

[2] Demosth. g. Meid 28 (523).

[3] Demosth. g. Meid. 45 (529) Poll. VIII 42.

[4] P. 22 ff.; Resultat zusammengefasst p. 34.

[5] S. aber u. Abschnitt 6.

[6] Ueberall wird schlechthin erklärt, dass das Gesetz die Strafe nicht fixiert habe, s. o. p. 47 A. 4. Das lässt sich nicht wegschaffen mit der Behauptung, es sei eben nur an den gewöhnlichen Fall gedacht, wo die Klage nicht vom Verletzten angestellt wird. Aber wer sagt, dass dies der gewöhnliche Fall (maxime in usu p. 32) war? Es ist doch viel wahrscheinlicher, dass regelmässig der Verletzte selbst klagte.

Ueberdies lässt sich, wenn die **gesetzliche** Strafe Geldstrafe war[1], nicht verstehen, warum immer betont wird, die Strafe sei bei ὕβρις schwerer als bei αἰκία[2].

Ueber die Bedeutung der Schätzung sind wir bei öffentlichen Klagen[3] besser unterrichtet, als bei Privatklagen[4]. Das Vorkommen einer Gegenschätzung des Angeklagten (ἀντιτίμησις) ist hier erwiesen. Nachdem der Angeklagte schuldig erklärt ist, erfolgen neue Verhandlungen über das Strafmass: der Ankläger wiederholt seine bereits in der Klageschrift beigeschriebene[5] Schätzung, der Angeklagte stellt eine Gegenschätzung gegenüber. Nun erfolgt eine zweite Abstimmung (δευτέρα ψῆφος)[6]; ob dabei die Richter sich für den einen oder den anderen Antrag entscheiden mussten, oder auch auf eine zwischen beiden liegende Schätzung erkennen durften, bleibt zweifelhaft.

6. **Einige Besonderheiten des Verfahrens statuiert das bei Demosth. g. Meid. 47 (529) eingelegte Hybris-Gesetz. Die Aechtheit dieses Teiles des Gesetzes ist überaus bestritten**[7].

---

[1] Das scheint Mücke anzunehmen, wenn er (p. 31) die Anekdote des Diogenes auf eine gesetzlich bestimmte Strafe bezieht.

[2] S. o. p. 47 N. 5.

[3] S. im allg. Meier-Schömann-Lipsius I p. 208 ff.

[4] Hauptbeispiel der Prozess gegen Sokrates; s. dazu Heffter, athen. Ger. Vf. p. 333. Vgl. auch Cicero de orat. I 54 (232).

[5] τίμημα ἐπιγράψειν; vgl. Aisch. παραπρεσβ. 14, 199; s. auch C. I. Gr. 2556 l. 48 ff. (Kreta): τίμαμα ἐπιγραψάμενος τᾶς δίκας κατὰ τὸ ἀδίκημα.

[6] Deutlich werden diese beiden Thätigkeiten der Richter in der Inschrift von Eresos gegen die Tyrannen unterschieden (C. I. Gr. Add. 2166 b = Rec. II, 1 p. 160 ff.). Hier werden im Richtereid (§ 6) δικάζειν δίκην und τιμᾶν auseinandergehalten. Im Prozess ergeht zuerst Abstimmung über die Frage, ob der Angeklagte zu Tode zu verurteilen sei; nach dieser: Schuldigerklärung (καταδικάζειν § 5), ἀντιτίμησις des Angeklagten betr. Art der Todesstrafe (τίνα τρόπον ἀποθανεῖν) und zweite Abstimmung.

[7] Für die Aechtheit: Platner II p. 197, Thalheim p. 39, Hermann p. 18 ff. Gegen die Aechtheit: Westermann de lit. instr.

Es kann nicht Sache des Juristen sein, die Argumente pro et contra, die aus der Art der Ueberlieferung, aus dem Sprachgebrauch und dem Satzgefüge entnommen werden, endgültig zu würdigen. Ich beschränke mich darauf, festzustellen, dass der Inhalt der Bestimmungen Bedenken nicht erweckt, sich vielmehr aus der besonderen Beschaffenheit des Hybris-Deliktes leicht erklärt.

Es ergeben sich damit folgende Sonderbestimmungen:

1. wenn der Angegriffene selbst die γραφὴ ὕβρεως anstellt, so unterliegt er, wie jeder Ankläger, der Prozessgefahr der öffentlichen Klagen: er zahlt an den Staat tausend Drachmen, wenn er die Klage fallen lässt, (ἐὰν μὴ ἐπεξέλθῃ) oder zwar durchführt, aber für seinen Antrag nicht einmal den fünften Teil der Richterstimmen erhält.

Der Gesetzestext legt diese Prozessgefahr denjenigen auf: ὅσοι δ' ἂν γράφωνται γραφὰς ἰδίας. Dieser Ausdruck wird allgemein und mit Recht auf den Fall bezogen, wo der Verletzte selbst klagt[1]. Die Behauptungen, der Ausdruck finde sich bei anderen Klagen nicht, er enthalte eine contradictio in adjecto, es werde sonst bei öffentlichen Klagen nie unterschieden, ob der Verletzte oder ein Dritter klage, erledigen sich, wenn sich aus der besonderen Natur der γραφὴ ὕβρεως eine solche Unterscheidung erklären lässt. Dies trifft aber zu. Es liegt hier in höherem Masse als bei anderen Delikten eine Verquickung von privatem und öffentlichem Interesse, ein Hervortreten des ersteren, vor. Es wird besonders betont, dass die Strafsumme ganz an den Staat falle[2]; die γραφὴ ὕβρεως wird mit Privatklagen zu-

---

quae extant in Dem. or. in Mid. p. 22 ff., Mücke p. 5 ff., Drerup. Jahrb. f. class. Phil. Suppl. XXIV p. 298 ff. Unentschieden Meier-Schömann-Lipsius I. p. 395 N. 565.

[1] S. bes. Hermann p. 10 ff. u. Mücke p. 14 ff. und die dort Citierten.

[2] Demosth. g. Mcid. 45 (529).

sammen- und anderen öffentlichen Klagen gegenübergestellt[1]; Reden, die in Hybris-Prozessen 'gehalten wurden, werden unter den civilprozessualischen Reden registriert[2]. Zudem hat der Verletzte es in der Hand, die Strafverfolgung durch Dritte dadurch zu verhindern, dass er sich mit dem Thäter vergleicht[3]. Gerade das Vorhandensein der δίκη αἰκίας neben der γραφὴ ὕβρεως legte die Gefahr nahe, dass Sätze, die für Privatklagen galten, auch auf die γραφὴ ὕβρεως bezogen wurden. Der Gesetzgeber erklärt deswegen ausdrücklich, die γραφὴ ὕβρεως solle auch dann, wenn sie vom Verletzten angestellt werde, als öffentliche, nicht als Privatklage, behandelt werden. Die Bestimmungen über die Prozessgefahr finden Anwendung, auch wenn der Verletzte selbst klagt. — Die Erklärung, nach welcher nur der Verletzte diese Gefahr trägt, nicht ein Dritter, halte ich für ausgeschlossen; sie entbehrt der inneren Begründung[4] und steht in Widerspruch mit dem allgemeinen[5] Satz, dass bei den γραφαί der Ankläger diese Gefahr trägt. Angesichts dieses bekannten Satzes konnte sich das Hybris-Gesetz mit der Erklärung begnügen: es bleibt bei den allgemeinen Vorschriften auch dann, wenn der Verletzte selbst klagt[6].

---

[1] Demosth. g. Meid. 25 (522); 28 (523).
[2] Dionys. Hal. u. Deinarchos 12. (Rede gegen Proxenos).
[3] Demosth. g. Nausim. u. Xenopeith. 21 (990): es gebe auch abgesehen von den Verbrechen gegen das Vermögen Fälle, wo ein Vergleich mit dem Verletzten den Thäter endgültig freimache, z. B. φόνος ἀκούσιος, ὕβρις: ἁπάντων ὅρος καὶ λύσις τοῖς παθοῦσι τέτακται τὸ πεισθέντας ἀφεῖναι. Dieselbe Erörterung mit denselben Worten: Demosth. g. Pantain. 58 (983). Vgl. Hudtwalcker p. 166 N. 11.
[4] Wenn eine Erleichterung der Klage bezweckt ist, so sollte sie doch in erster Linie dem Verletzten zu gute kommen, gerade so wie etwa im römischen Strafprozess dem Ankläger Erfordernisse der Anklagefähigkeit nachgelassen werden, wenn er suam injuriam persequitur s. u. p. 73 N. 2.
[5] Demosth. g. Theokr. 6 (1323).
[6] Für unmöglich halte ich den Satz, dass die Gefahr nur ein-

2. Die Thesmotheten sollen innert 30 Tagen — vom Moment der Anbringung der Klage gerechnet — den Prozess an die Heliaia bringen (εἰσάγειν εἰς τὴν ἡλιαίαν). Diese Bestimmung erinnert an die Monatsfrist bei der δίκη αἰκίας; die Verwandtschaft der Klagen äussert sich auch hier. Drerup nimmt an, dass gerade der Vergleich mit der δίκη αἰκίας die Bestimmung über die γραφὴ ὕβρεως verdächtig mache[1]: die strengere Klage könne nicht in demselben kurzen Zeitraum erledigt werden. Dabei ist übersehen, dass eine rasche Erledigung in beiden Fällen im Interesse des Anklägers selbst liegt.

Dass bei anderen öffentlichen Klagen solche Fristen nicht vorgesehen sind, beweist nichts; richtig ist aber, dass der einzige Fall[2], wo die Monatsfrist erscheint, auch in anderer Beziehung Verwandtschaft mit dem Hybrisgesetz aufweist[3]. — Wahrscheinlich ist die Fristbestimmung der γραφὴ ὕβρεως übertragen worden auf die δίκη αἰκίας[4].

3. Der Beschleunigung des Verfahrens dient jedenfalls auch die weitere Bestimmung, dass die Schätzung sofort nach der Schuldigerklärung erfolgen soll: ὅτου δ' ἂν καταγνῷ ἡ ἡλιαία, τιμάτω περὶ αὐτοῦ παραχρῆμα. Wir wissen freilich über das ganze Schätzungsverfahren so wenig, dass sich

---

trete, wenn der Verletzte selbst klagt: so Hermann p. 16 ff. Meier-Schömann-Lipsius I p. 402 N. 587. Wie man übrigens in einer solchen Behandlung des Verletzten ein „Vorzugsrecht bei Anstellung der Hybrisklagen" erblicken kann (so Drerup p. 299), ist mir unerfindlich. — Die im Text vertretene Ansicht scheint angenommen zu sein bei Platner II p. 197, Mücke p. 21. 22, Thalheim p. 42 N. 3.

[1] Mücke p. 6 hatte umgekehrt gerade an dem Fehlen einer analogen Bestimmung für die δίκη αἰκίας Anstoss genommen (quum dedisset, cur non in privatis quoque proposuit?). Jetzt wissen wir, dass auch die δίκη αἰκίας Monatsklage geworden ist. S. o. p. 10.
[2] Demosth. g. Timokr. 63, 720.
[3] S. u. p. 53.
[4] Das darf aus einer Vergleichung folgender Stellen erschlossen werden: Demosth. g. Meid. 47 (529); g. Pantain. 33 (976), Arist. St. d. Ath. LII, 2.

nicht feststellen lässt, worin hier — dem normalen Verfahren gegenüber — die Beschleunigung lag.

4. Wenn die Hybris gegen einen Freien gerichtet war und das Urteil auf Geldstrafe lautet, wird der Verurteilte bis zur Zahlung in Haft genommen. Verschärfung einer Geldstrafe durch Haft bis zur Zahlung ist — mit denselben Worten — auch sonst in der attischen Gesetzgebung vorgesehen, vgl. das Gesetz bei Demosth. g. Timokr. 63 (720) und Aristot. St. d. Ath. LXIII 3. — Die Anordnung der einzelnen Sätze ist allerdings auffallend, kann aber — mit Hermann p. 12[2] — dadurch erklärt werden, dass dem ursprünglichen Gesetz ein Nachtragsgesetz hinzugefügt wurde.

---

[1] Hermann p. 21 denkt an ein Verbot der λόγοι ὕστεροι, zweite Plaidoyers: ut iteratas orationes, quales in aliis causis inter condemnationem et poenae aestimationem intercessisse novimus, ab hac aliena fuisse intellegamus.

[2] Hermann a. a. O. denkt sich gerade die Bestimmung unter 4 als Zusatzbestimmung. Es wäre aber auch denkbar, dass ursprünglich der Satz ἐὰν δὲ ἀργυρίου κτλ. unmittelbar an den Satz τιμάτω-ἀποτῖσαι anschloss, und der Satz ὅσοι δ' ἂν· später eingeschoben wurde.

Cap. II. Vergleichung mit dem römischen Recht.

A. Im Allgemeinen.

Eine Vergleichung der drei Klagen des attischen Rechts mit der Entwicklung der injuria im römischen Recht ist in mehrfacher Beziehung lehrreich: Die Entwicklung bewegt sich hier und dort in derselben Richtung, auch in den Einzelheiten lässt sich mannigfache Uebereinstimmung nachweisen; manches lässt sich hier und dort in gleicher Deutlichkeit erkennen, manches aber erweckt hier und dort dieselben Bedenken und Zweifel.

1. Dass griechisches und römisches Recht in dieser Materie sich nicht allzu fremd gegenüberstehen, wird schon daraus ersichtlich, dass Labeo[1] bei der Begriffsbestimmung der injuria auf die ὕβρις der Griechen und damit auf die γραφὴ ὕβρεως des attischen Prozesses verweist[2]. Die späteren, namentlich Gaius[3], Paulus[4] und Ulpian[5] erkennen das Wesen der injuria (im Sinne des generale edictum) bekanntlich in einer contumelia (contumelia dicta a contemnendo). Da nun auch dieses Wort auf Labeo[6] zurückzugehen scheint und die Späteren gerade in dieser Materie besonders häufig sich

---

[1] Collat. II 5, 1; auch Justinian pr. J. de inj. IV 4.
[2] Pernice, Labeo II¹ p. 27 N. 7.
[3] Gai I 141, III 222.
[4] Coll. II 5, 1; l 17 § 2 D. de pact. II 14.
[5] Coll. VII 3, 4; l 1 pr, l 7 § 7, l 13 § 3, l 15 § 24, l 15 § 48, l 33 D. h. t.; l 5 § 1 D. ad leg. Aq. IX 2.
[6] L. 13 § 4 h. t.

auf Labeo's Autorität berufen, so liegt es überaus nahe, die ganze Contumelia-Idee auf griechischen Einfluss (γραφή ὕβρεως) zurückzuführen. Die Versuchung ist um so grösser als noch ein weiteres hinzukommt. Der allgemeine Satz: injuria = contumelia, und die Zusammenschliessung der einzelnen Ediktsbestimmungen unter diesem Gesichtspunkt ist m. E. erst denkbar nach dem Aufkommen des Edikts ne quid infamandi causa fiat[1]. Aber gerade dieses Edikt erinnert wiederum an die griechische Hybris: „infamare" selbst an das häufig zur Erklärung verwendete ἀτιμάζειν, die Demonstratio der Formel (Paul. V 4, 13: quod N⁚ N⁚ fimum[2] immisit A⁰ A⁰ infamandi causa) an das griechische προπηλακίζεσθαι[3].

Gegen die Annahme einer Entlehnung aus griechischem Recht erheben sich aber doch Bedenken. Unsere Untersuchungen haben ergeben, dass der ursprüngliche Begriff von Hybris nur auf Gewaltthätigkeiten hinweist und die erhaltenen Gerichtsreden immer solche im Auge haben. Sodann sind die prozessualen Besonderheiten der γραφή ὕβρεως nicht in das römische Recht eingegangen. Nur so viel lässt sich mit Sicherheit sagen: **der Injuriabegriff und der Hybrisbegriff haben dieselbe Entwicklung durchgemacht.**

Von den einzelnen Fällen liessen sich am ehesten mit der γραφή ὕβρεως diejenigen vergleichen, welche Ulpian in l. 11 § 9 — l. 13 h. t. bespricht. Hier handelt es sich um „persönliche Angriffe, die eine Verletzung der Bürgerstellung enthalten; dahin gehören die Bedrohung der Bürgereigenschaft, die Beeinträchtigung bestimmter Bürgerrechte und die Antastung der Bürgerehre[4]." Die römischen Juristen

---

[1] S. Lenel Ed. perp. § 193 (p. 323).
[2] So Lenel a. a. O. ; dort auch andere Conjecturen. Die Handschriften haben: illum.
[3] S. o. p. 39 N. 2.
[4] Pernice, Labeo II² p. 33.

haben diese Fälle nicht — wie man erwarten sollte — nach dem Infamationsedikt, sondern nach dem generale edictum (das allein das Wort injuria enthält) behandelt[1]; das erklärt sich am einfachsten durch die Annahme, dass sie als Iujuria-Fälle schon vor Einführung des Infamationsedikts anerkannt waren. Man darf gerade in diesen Fällen eine erste Ausweitung des Injuriabegriffs im Sinne der contumelia-Idee[2] erblicken. Hier wird man aber unwillkürlich erinnert an Plato's Ausführungen über die Hybris, an die ὕβρις εἰς τὸ πολιτικόν des einzelnen Bürgers[3] und an die Verweisung der Hybrisklagen vor die Thesmotheten[4].

2. Ein prima facie-Ueberblick über das ganze Gebiet ergibt sofort zwei wichtige Unterschiede zwischen griechischem und römischem Recht: die frühzeitige Ueberwindung der Talion und das frühzeitige Auftreten der öffentlichen Strafverfolgung im attischen Recht.

Schon mehrmals, zuletzt wieder von Ludovic Beauchet[5], ist ausgeführt worden, dass in einzelnen Materien dem griechischen Recht ein modernerer Charakter eigne als dem römischen Recht, dass es Entwicklungsstadien rascher durchlaufen habe als dieses. Das trifft auch für die Injuria zu.

Während die zwölf Tafeln für membrum ruptum Talion vorsehen, scheint das attische Recht, wo es in das helle Licht der Geschichte einrückt, eine solche gar nicht zu kennen[6]. Nur in dem ἄρχειν χειρῶν ἀδίκων des αἰκία-Gesetzes, in dem straflosen ἀντιποιεῖν[7], erscheint zwar nicht die eigentliche Talions- aber doch die Wiedervergeltungs-

---
[1] Pernice, a. a. O.
[2] Labeo in l 13 § 4 h. t.
[3] Plato, Ges. X 885 A.
[4] S. o. p. 46; damit liesse sich wohl auch die γραφὴ ὕβρεως gegen Phormio zusammenstellen; s. o. p. 42.
[5] Beauchet I p. XXI.
[6] Ueber den Bericht des Diogenes Laertios s. o. p. 2 N. 2.
[7] S. o. p. 5 ff.

idee¹. Die Strafe der δίκη αίκίας ist immer Geldstrafe; aber auch für die γραφή ΰβρεως — wo andere Strafmittel zur Verfügung stehen — ist die Idee einer der Verletzung adaequaten Züchtigung durchaus auszuschliessen². Sehr charakteristisch ist Demosthenes' Bemerkung in der Rede gegen Timokrates³; er erwähnt die lokrische Gesetzgebung mit dem Satz „Auge um Auge" und fügt erstaunt hinzu: καὶ οὐ χρημάτων τιμήσεως οὐδεμιᾶς (die Schätzung kann nicht auf Geld gehen).

Die frühzeitige Verdrängung der Talion hängt zusammen mit dem frühzeitigen Eindringen der öffentlichen Strafverfolgung. Während im römischen Recht die öffentliche Verfolgung erst seit Sulla'sl ex Cornelia de injuriis datirt, scheint die γραφή ΰβρεως bis auf Solon zurückzugehen. Das öffentliche Strafrecht hat für die dem Rachezweck dienende materielle Talion⁴ keinen Raum; hier pflegt nur noch die sog. analoge oder symbolische Talion eine Rolle zu spielen: Bestrafung an dem Gliede, welches als Werkzeug des Verbrechens gedient (z. B. Castration des Ehebrechers), Bestrafung durch das Mittel, welches der Thäter bei seinem Verbrechen angewandt hat (z. B. Feuertod des Brandstifters). Materielle Talion als richterlich zuerkannte Strafe ist schon dadurch ausgeschlossen, dass das attische Strafrecht prinzipiell Körperstrafen (Züchtigung und Verstümmelung) gegen Freie nicht zulässt⁵. Auch für das τραῦμα ἐκ προνοίας findet sich keine

---

¹ Diese Bestimmung ist Günther (Idee der Wiedervergeltung) in seiner Darstellung des griechischen Rechts (I p. 76 ff.) entgangen.
² S. o. p. 48.
³ Demosth. g. Timokr. 140 (744).
⁴ Ueber die verschiedenen Arten der Talion s. Günther, Idee der Wiedervergeltung 1 p. 17 ff.
⁵ S. o. p. 48. Vgl. auch K. F. Hermann, Grundsätze u. Anwendung des Strafrechts im griech. Altert. i. d. Abhdg. der Ges. d. Wiss. z. Göttingen 1855 p. 40 ff. — Charakteristisch für die Abneigung gegen körperliche Züchtigung ist auch die Anordnung der Freiheitsstrafe bei Demosth. g. Meid. 47 (529).

Spur von Talion oder Körperstrafe überhaupt[1]; auch die strenge Strafgesetzgebung des Drakon kannte als Strafmittel nur die Todesstrafe[2], neben derselben höchstens Atimie und Geldstrafe[3].

3. Eine weitere grundsätzliche Unterscheidung scheint darin zu liegen, dass im attischen Recht die Verbalinjurie (κακηγορία) durchaus ihre eigenen Wege geht, gesondert von αἰκία und ὕβρις, während der römisch-rechtliche Begriff der injuria die Verbalinjurie von Anfang an einzubegreifen scheint.

Die Vergleichung mit dem griechischen Recht ist hier geeignet, die auch sonst wohl gegründete Ansicht[4] zu stützen, dass die injuria des ältesten Rechts auf Einwirkungen auf den Leib zu beschränken sei. Der einzige Fall, von dem wir mit Sicherheit wissen, dass er als „injuria" im Sinn der allgemein lautenden Bestimmung der zwölf Tafeln (si injuriam faxsit, viginti quinque poenae sunto) behandelt wurde, betrifft das Austeilen von Ohrfeigen. Gegen diese Lehre darf man sich nicht auf die Bestimmung über das carmen-famosum berufen[5]: das carmen famosum wird nicht als injuria bezeichnet und nicht mit den andern Bestimmungen (membrum ruptum, os fractum, „injuria") zusammengestellt. Dagegen zeigt die XII. Tafelbestimmung über das carmen famosum, dass im römischen Recht, gerade so wie im griechischen, die Bestrafung der Verbalinjurie einsetzt mit der Bestrafung eines durch die Publizität der Begehung qualifizirten Falles. Dieser Fall wird an beiden Orten nicht als reines Privatdelikt behandelt.

Allem Anschein nach ist die **Injuria der zwölf Tafeln**

---
[1] S. o. p. 4.
[2] Plut. Sol. 17.
[3] Poll. VIII 42; IX, 61.
[4] So **Landsberg**, Injuria und Beleidigung p. 29 ff. (hier auch Referat über die Ansichten anderer), **Pernice**, Labeo II[2] p. 22. 23.
[5] Dies thut **Karlowa**, römische Rechtsgeschichte II p. 793.

im wesentlichen[1] nichts anderes und nicht mehr als die *αἰκία* des griechischen Rechts. Darauf weisen ja auch die Bezeichnungen hin; *αἰκία = ἀ-είκεια* ist von hause aus nichts anderes als Unbill, Unrecht; *αἰκία* und in-juria betonen nur das objective Moment der Rechtswidrigkeit, ohne das subjektive Moment der Hybris zu fordern.

4. Das spätere römische Recht kennt wie das griechische ein Nebeneinanderstehen von Privatklage und öffentlicher Anklage. Neben der actio injuriarum steht die accusatio ex lege Cornelia, wie neben der *δίκη αἰκίας* die *γραφὴ ὕβρεως*. Während aber für das römische Recht die öffentliche Verfolgung die Privatklage zurückzudrängen bestrebt ist[2], scheint im griechischen Recht umgekehrt die *γραφὴ ὕβρεως* der *δίκη αἰκίας* zu erliegen[3]: Die Anschauung, die der *γραφὴ ὕβρεως* zu grunde lag und der sie ihre Entstehung verdankte, geht der späteren Zeit verloren. Man braucht nur Demosthenes' Rede gegen Konon zu lesen, wo in aller Breite auseinandergesetzt ist, dass eine *γραφὴ ὕβρεως* begründet wäre, auch die entsprechenden Gesetze verlesen werden und doch nur eine *δίκη αἰκίας* angestellt wird — wohl weil der Kläger die Strafsumme für sich behalten will. Dabei darf man auch an Demosthenes' eigene Haltung im Prozess gegen Meidias erinnern; auch hier wären alle Erfordernisse einer *γραφὴ*

---

[1] Der injuria-Begriff der zwölf Tafeln ist weiter, wenn er neben der Körperverletzung auch die Notzucht umfasst. Dies wird vielfach angenommen, z. B. von Ihering, Reich und Arm in den Strafsätzen des alten Rechts in „Scherz und Ernst", 4. Aufl. p. 403 ff., Landsberg p. 29 („der Potenz nach"); wohl auch von Karlowa, röm. Rechtsgesch. II p. 792. Landsberg nimmt aber auch an, dass man „actuell" zur Zeit der zwölf Tafeln nur an Körperverletzung gedacht habe. Für Beschränkung auf letztere ausdrücklich: Liszt, Strafrecht, 8. Aufl. p. 350 (die privatrechtliche actio injuriarum ging von der Körperverletzung aus).

[2] Wenigstens seit dem Eindringen der Cognition; Hermog. l. 45 h. t.

[3] Zum folgenden s. Wilamowitz, Aristoteles und Athen I p. 248.

ὕβρεως gegeben, Demosthenes klagt auch[1], lässt sich dann aber mit Geld abfinden und zum Rückzug der Klage bewegen[2]. — Vielleicht hat die hohe Prozessstrafe, die den unterliegenden Ankläger bedroht (1000 Drachmen), das allmälige Zurücktreten der γραφὴ ὕβρεως gefördert.

B. **δίκη αἰκίας und actio injuriarum aestimatoria.**

1. Auffallend ist die nahe Verwandtschaft der δίκη αἰκίας und der praetorischen actio injuriarum aestimatoria.
Hier wie dort eine reine Privatklage, die nur dem Verletzten zusteht. Die Strafe eine Geldstrafe; der Betrag derselben nicht durch Gesetz bestimmt, sondern von Fall zu Fall durch den Richter festzusetzen. Grundlage dieser Festsetzung eine vom Kläger ausgehende Schätzung (taxatio, τίμησις), durch welche dieser das „Unrecht schätzt", τίμημα ἐπιγράφεται, ὁπόσον δοκεῖ ἄξιον εἶναι τὸ ἀδίκημα[3], injuriam aestimat[4]. Diese Schätzung hier bereits in der Klageschrift enthalten, dort auf den klägerischen Antrag in die Formel eingesetzt. Der (die) Richter an die Schätzung insofern nicht gebunden, als er auch auf weniger verurteilen kann (ἀφαιρεῖν τοῦ τιμήματος[5], condemnationem minuere[6])[7].

---

[1] Allerdings nicht ὕβρεως, sondern weil er als Chorege bei einem öffentlichen Feste geohrfeigt worden war, mit einer προβολή.
[2] Darauf bezieht sich der beissende Spott des Aischines (g. Ktesiph. 212, 608), Demosthenes habe seinen Kopf nicht als Kopf, sondern als Kapital benützt.
[3] Lex. Seguer. p. 356.
[4] Gai. III 224.
[5] Isokr. g. Lochit. 19.
[6] Gai. III 224.
[7] So weit das charakteristische Element der actio injuriarum aestimatoria lediglich in der aestimatio und taxatio gefunden wird, kann sie natürlich auch mit der γραφὴ ὕβρεως zusammengestellt werden, aber diese ist keine Privatklage und muss nicht auf Geld gehen.

2. Dazu kommt die Begünstigung der Klage durch die Beschleunigung des Verfahrens.

Attisches Recht zur Zeit des Aristoteles: die δίκη αἰκίας zu den Monatsklagen, δίκαι ἔμμηνοι, gehörend; Verweisung der Klage an [die Vierzigmänner, später] an die εἰσαγωγεῖς und Wegfall der Vorverhandlung vor dem öffentlichen Schiedsrichter; Verzicht des Staates auf die Erlegung der Gerichtsgebühren (πρυτανεῖα)[1].

Römisches Recht: Verweisung der actio injuriarum an Recuperatorengerichte. Provisorische Schätzung bei Anordnung des vadimonium. — Beides bedarf näherer Untersuchung.[2]

Recuperatoren. Durch Gellius XX 1, 13 ist sicher bezeugt, dass das praetorische Edikt die actio injuriarum aestimatoria einführte und gleichzeitig diese Prozesse an Recuperatoren zur Entscheidung[3] verwies. Einen concreten Fall erwähnt Cicero de invent. II 20, 59, 60[4].

---

[1] Auch für diesen Verzicht ergäbe sich im römischen Civilprozess ein Analogon, wenn hinlänglich festgestellt wäre, dass im Legisactionenprozess Iujuriensachen durch legis actio per judicis postulationem (ohne Sacramentszwang) erledigt wurden: dafür Ihering, Reich und Arm im röm. Civilprozess, in Scherz und Ernst, 4. Aufl. p. 204. A. Schmidt, leg. act. per jud. post., denkt zwar auch an diese legis actio (p. 11), lässt sie aber mit bedeutenden, vom Geistlichen ins Weltliche übersetzten Prozessgefahren verbunden sein (p. 21). Aus der legis actio mag auch das vom Prätor aufgestellte Gebot des „certum dicat, quid injuriae factum sit" stammen.

[2] Man könnte versucht sein, auch das singuläre, nur den Kläger treffende judicium contrarium (Gai. IV 177) mit der ἐπωβελία in Verbindung zu bringen; aber wir wissen von diesem judicium contrarium doch zu wenig und die Beträge stimmen nicht (¹/₆ griechisches Recht, ¹/₁₀ römisches Recht).

[3] Die Ansicht von Huschke (Gaius p. 139), dass die Recuperatoren nur „Aestimationsrichter", nicht „zur Prozessaburteilung bestimmte Richter" gewesen seien, darf heute wohl als erledigt angesehen werden. Dagegen z. B. schon Rudorff, röm. Rechtsgeschichte II p. 356 n. 9.

[4] Cuidam equiti Romano quidam — gladio manum praecidit. Agit

Dass Fälle nachweisbar sind, wo — nach Einführung der actio injuriarum aestimatoria — ein judex unus entschied, soll nicht geleugnet werden. Auct. ad Her. II 13, 19 erwähnt einen solchen Fall und Gaius spricht immer ganz allgemein nur vom judex. Es ist ein misslicher Ausweg, dieses Zeugnis unschädlich machen zu wollen durch die Annahme, judex sei nur eine „generische Bezeichnung". — Die richtige Lösung des Problems ist wohl folgende: Der Rechtsfall des Auct. ad Her. betrifft eine Verbalinjurie. Dies weist darauf hin, dass die Ediktsbestimmung, welche Recuperatoren injuriis aestimandis eingeführt hat, diese Injuria nicht mit umfasste, sondern lediglich den Injuriabegriff der zwölf Tafeln voraussetzte. Die Neuerung, von der Gellius berichtet, hat den Injurienbegriff nicht getroffen[1], nur Strafe und Verfahren abgeändert. Als dann — wohl erst im letzten Jahrhundert der Republik — der Injuriabegriff sich infolge der neu hinzutretenden Ediktsbestimmungen ausweitete, beliess man die Recuperatoren nur für die ältesten Fälle, für die sie das Edikt allein ausdrücklich anordnete und für die allein auch eine Beschleunigung des Verfahrens wegen des Beweisnotstands (s. u. p. 68) erforderlich war; die neu hinzutretenden Fälle dagegen wurden an den ordentlichen Richter, den judex unus, gewiesen. Vielleicht ist eine Spur dieser Aenderung im Wortlaut der jüngsten Ediktsbestimmung, des Infamationsedikts, zu erkennen. Während bei den andern Edikten der Praetor schlechthin erklärt: judicium dabo (und dabei wohl an das aus der ältesten Bestimmung bekannte Recuperatorenedikt denkt) heisst es hier vorsichtig: prout quaqua re erit, animadvertam[2]. Durch diese Wendung mag sich der Praetor die Möglichkeit vorbehalten haben[3], nach seinem Gutfinden

is, cui manus praecisa est, injuriarum. Postulat is, quicum agitur, a praetore exceptionem — non oportet in recuperatorio judicio etc.

[1] Dafür kann hier auf Pernice, Labeo II* p. 25 verwiesen werden.
[2] L. 15 § 28 h. t.
[3] Vgl. dazu Eisele, Beiträge z. röm. Rechtsgesch. p. 52.

im Einzelfall judex unus oder recuperatores zu geben. In classischer Zeit (Gaius!) hat dann auch wohl bei den älteren Fällen der judex unus sich neben den Recuperatoren Eingang verschafft.[1]

Das Auftreten der Recuperatoren kann verschieden erklärt werden. Es liegt nahe, die Mehrzahl der Richter (an Stelle des judex unus) mit der besonderen Aufgabe des Richters im Injurienprozess, mit dem Schätzen, in Verbindung zu bringen:[2] gemeinsame Beratung Mehrerer wird eher das richtige Mass finden. Man trug wohl auch Bedenken, an Stelle der gesetzlichen Strafmasse der zwölf Tafeln auf einmal den arbiträren Spruch des einzelnen zu setzen und den Angeklagten der Willkür eines ihm vielleicht besonders verfeindeten Richters preiszugeben; minder bedenklich erschien es, einem Gericht von mehreren Personen die Entscheidung zuzuweisen und dem Angeklagten auf die Zusammensetzung dieses Gerichts einen Einfluss einzuräumen. — Eine andere Ueberlegung mag hinzugekommen sein; die Entscheidung des Richters wird freier und richtiger, wenn er die Verantwortung für die Entscheidung und das Odium derselben mit anderen teilt; man denke sich den einzelnen aus dem Volke, der als judex im Prozess gegen ein gemeingefährliches Individuum functioniren sollte, das bei ungünstiger Entscheidung sich an dem Richter rächen konnte.

Entscheidend für die Verwendung und namentlich für die Beibehaltung der Recuperatoren ist aber gewiss gewesen, dass das Verfahren mit Recuperatoren ein beschleunigtes

---

[1] Aehnlich Eisele, Beiträge zur röm. Rechtsgeschichte p. 52, der aber (n. 12) das erste Edikt und die Recuperatoren nur auf injuria atrox bezieht. Es erscheint aber doch zweifelhaft, ob die Unterscheidung zwischen injuria atrox und levis so alt ist und ob die That des L. Veratius als injuria atrox zu taxieren ist. Huschke Gaius p. 138 taxiert sie als injuria levis.

[2] So z. B. Huschke, Gaius p. 139 u.

Verfahren[1] darstellt: die Beschleunigung äussert sich namentlich im Nichtgebundensein an den actus rerum und in der Beschränkung der Zeugenzahl. Dies darf heute als festgestellt gelten und soll hier nicht weiter erörtert werden.[2] An einer raschen Erledigung ist nicht nur der Staat interessirt, der in der Injurie einen Friedensbruch, eine Störung der öffentlichen Ruhe sieht, sondern vor allem der Kläger; dieser wiederum nicht nur, weil er riskiren muss, vor der litis contestatio zu sterben (man denke an schwere Verletzungen), sondern namentlich weil er Gefahr läuft, bei Verzögerung des Prozesses nicht mehr oder doch nicht mehr mit derselben Leichtigkeit seine Beweise zu erbringen.

Vadimonium. Mit der Beschleunigung des Verfahrens hängt, — so paradox dies auch klingen mag — auch das vadimonium bei injuria atrox zusammen.

Das praetorische Edikt lautete nach dem Referat Ulpians (s. Lenel, Ed. perp. p. 320):

qui injuriarum agit, certum dicat, quid injuriae factum sit, et taxationem ponat, non maiorem, quam quanti vadimonium fuerit.

Man fasst dieses Vadimonium mit Recht auf als ein vadimonium im Sinn von Gai. IV 184, als „Dilationsvadimonium" (Voigt.)[3] Wir sind sonst gewohnt, letzteres als etwas nur ausnahmsweise eintretendes anzusehen[4]; regel-

---

[1] Cic. pro Tull. 10 (vgl. 41): recuperatores dare ut quam primum res judicaretur.

[2] Wlassak, röm. Prozessgesetze II p. 310. Eisele, Beiträge zur röm. Rechtsgeschichte p. 48 ff. P. F. Girard manuel. élém. d. droit romain 2. Aufl. p. 980 n. 4.

[3] Voigt, über das Vadimonium, Abhdlg. d. sächs. Ges. d. Wissenschaften phil. hist. Cl. VIII (1881) p. 320 ff.; Huschke, Gaius p. 135.

[4] S. z. B. Keller-Wach p. 234; anders, soweit ich sehe, nur Voigt l. c. p. 321, nach welchem „im Prozesse jüngerer Zeiten" ordentlicher Weise das Verfahren in jure auf zwei verschiedene Termine sich vertheilt, deren erster zum edere actionem dient.

mässig kommt es dazu nicht, weil sich die Verhandlung in jure in einem Termin zu Ende führen lässt (uno die finiri potest negotium). Wozu nun hier, an entscheidender Stelle des Edikts eine Bestimmung, die ein vadimonium, und damit also einen doppelten Termin in jure, zum mindesten als etwas häufiges, wenn nicht als etwas regelmässiges oder notwendiges voraussetzt?[1]

Zur Erklärung der Erscheinung sind folgende Stellen heranzuziehen.

Gai. III 224: permittitur nobis a praetore ipsis injuriam aestimare, et judex vel tanti condemnat, quanti nos aestimaverimus vel minoris, prout ei visum fuerit. Sed cum atrocem injuriam praetor soleat aestimare, si simul constituerit quantae pecuniae fieri debeat vadimonium, hac ipsa quantitate taxamus formulam, et judex quamvis possit vel minoris damnare, plerumque tamen propter ipsius praetoris auctoritatem non audet minuere condemnationem.

Ulp. Coll. II 2, 1 : injuria, si quidem atrox, id est gravis, non est, sine judicis arbitrio aestimatur. atrocem autem aestimare solere praetorem, idque colligi ex facto, utputa si verberatus vel vulneratus quis fuerit.

Ulp. l. 2 D. de fer. II 12 . . . oratione divus Marcus in senatu recitata effecit, de aliis speciebus praetorem adiri etiam diebus feriaticis . . . utputa . . . ut adspectu injuria atrox aestimetur.

Die Ediktsbestimmung setzt das vadimonium mit der

---

dient. Dies bezieht sich wohl auf das Edictum de edendo bei Ulp. l 1 pr. D. de ed. II 13: es handelt sich aber hier nicht um einen ersten Termin in jure, sondern um eine dem Verfahren in jure und wohl auch der in jus vocatio vorausgehende aussergerichtliche Edition, s. Lenel, Ztsch. d. Sav. Stiftg. XV p. 385 ff.

[1] Die Bestimmung des Edikts heisst natürlich zunächst nur: die taxatio darf die summa vadimonii nicht übersteigen, wenn, insofern, überhaupt ein vadimonium abgeschlossen wurde. Aber die Art, wie sich Gaius über das vadimonium bei injuria atrox äussert, weist darauf hin, dass hier das vadimonium regelmässig vorkam.

injuria im allgemeinen in Beziehung, Ulpian und Gaius nur mit der injuria atrox. Bei letzterer kam also dem Vadimonium besondere Bedeutung zu; nur hier scheint es regelmässig angeordnet zu werden.

Wie alt die Unterscheidung von injuria atrox und injuria levis ist, wissen wir nicht. Wir können daher auch nicht feststellen, ob die besondere Behandlung des vadimonium ursprünglich für jede Injurie im (Sinn des älteren Rechtes) galt und erst mit dem Aufkommen der Unterscheidung injuria atrox — injuria levis auf erstere beschränkt wurde, oder ob sie eine spätere Neuerung darstellt, die jene Unterscheidung bereits voraussetzt. Hier genügt die Feststellung, 1) dass es sich um Thatbestände handelt, für welche Recuperatoren competent sind, 2) dass die besondere Behandlung des vadimonium bei injuria atrox den Bedürfnissen entspricht und in eigenartiger Weise der Beschleunigung des Verfahrens dient.

Ulpian erwähnt als Beispiele der injuria atrox: verberare, vulnerare; er setzt auch bei „aspectu aestimare injuriam" zweifellos schwere Realinjurien voraus. Es ergibt sich auch sonst, dass die Einteilung der injuriae in atroces und leves in erster Linie eine Einteilung nach der Schwere der Verletzung (injuria atrox re) ist.[1] Die in Frage kommenden Injuriae sind also solche, die schon nach den zwölf Tafeln und dem ältesten Injurienedikt strafbar waren und durch letzteres an Recuperatoren gewiesen wurden.

Das vom Praetor bei injuria atrox angeordnete vadimonium enthielt eine Besonderheit. Während sonst die summa vadimonii durch den Eid des Klägers fixiert wird und — nach Gai. IV 186 — in doppelter Beziehung maxi-

---

[1] Man darf dies schliessen aus l. 9 pr. D. h. t: eine ältere, von Pomponius angegriffene Theorie fordert für die injuria atrox ein pulsare, corpori injuriam inferre; Pomponius und Ulpian erklären: etiam sine pulsatione posse dici atrocem injuriam, persona atrocitatem faciente.

mal begrenzt ist (nicht über 100,000 Sestertien, nicht über die Hälfte des Streitwertes) wird die Summe hier vom Praetor bestimmt (constituit) und deckt sich mit der praetorischen Schätzung. Nur so erklärt es sich, dass die Thätigkeit des Praetor in gleicher Weise als Feststellung der summa vadimonii und als aestimatio injuriae bezeichnet wird; nur so auch die Bestimmung, dass die klägerische taxatio nicht höher sein dürfe als die summa vadimonii[1]. Es ist nun überaus wahrscheinlich, dass das vadimonium ein sog. vadimonium recuperatoribus suppositis (Gai. IV 185) war, wie dies bereits Huschke und Lenel angenommen haben:[2] wenn der Beklagte zum zweiten Termin nicht erscheint, wird er sofort von Recuperatoren in summam vadimonii verurteilt. Dass das vadimonium in anderer Art bestellt wurde, lässt sich nicht nachweisen; für unsere Annahme gibt — neben den allgemeinen Erwägungen Lenels — einen Anhaltspunkt die Bemerkung des Paulus (l. 10 § 2 D. si quis caut. II 11), dass bei Injuria: tales stipulationes propter rem ipsam dantur.

Damit ergibt sich für injuria atrox folgendes Verfahren:

Der erste Termin in jure endigt mit einem vadimonium, der Praetor bestimmt die summa vadimonii; diese stellt seine ex aspectu vorgenommene Schätzung der Injurie dar. Im zweiten Termin hat der Kläger die definitive, in die Formel aufzunehmende, taxatio anzugeben[3]; erscheint der

---

[1] Anders Voigt a. a. O. p. 362, der die Maximalgrenzen des Gaius in Anwendung bringen will. Die im Text vertretene Ansicht liegt wohl auch dem Vorbehalt bei Keller-Wach p. 235 N. 541 zu grunde. — Ich glaube nicht, dass man die Worte quantae pecuniae nomine bei Gai. III 224 dahin deuten darf, dass der Prätor nicht die summa vadimonii fixiere, sondern nur den Betrag, von dem dieselbe gemäss Gai. IV 186 zu berechnen sei. Dies wäre gezwungen und wiederum unvereinbar mit der Bestimmung des Edikts.

[2] Huschke, Gaius p. 137; Lenel, Ed. perp. p. 69; die Injuria gehört zu den „in betreff des vadimonium privilegirten Sachen."

[3] Kann der Kläger jetzt im II. Termin eine andere Summe benennen, als die vom Praetor fixierte summa vadimonii? Die Ausführungen des Gaius III 224 setzen voraus, dass regelmässig dieselbe

Beklagte nicht, so wird er sofort von Recuperatoren in summam vadimonii verurteilt[1]. Also: zwei Termine in jure: provisorische Schätzung (des Magistrats) — definitive Schätzung (des Klägers). Vermutlich ist der Grundgedanke dieses complizirten Verfahrens folgender: Zunächst hat der Kläger ein Interesse daran, sich möglichst rasch — durch in jus vocatio — der Person des Angeklagten zu versichern und eine Feststellung des Thatbestandes zu erlangen: er selbst kann an den Verletzungen vor der litis contestatio sterben; die Wunden können heilen und vernarben; Beulen und leichte Schürfungen können in kurzer Zeit spurlos verschwinden; auch andere Zeugen der That müssen vielleicht vernichtet, zerrissene und beschmutzte Kleider müssen geflickt und gereinigt werden. Darum will der Kläger sofortige Demonstration, der Praetor soll ex aspectu die Wunde sehen und den Kläger nicht mit seiner Demonstration bis nach den Ferien zurückstellen. Aber auch der Beklagte kann ein Interesse an einer solchen Vorweisung sofort nach der That haben, damit ihm nicht später Schläge auf sein Konto gesetzt werden, die der Kläger erst nach seiner That von einem Dritten erhalten hat oder Complicationen, die auf kurwidriges Verhalten des Klägers zurückgehen. Andrerseits kann es schwer, ja unmöglich sein, jetzt schon, bei einer ersten Besichtigung, die Grösse des Schadens zu überblicken und zu schätzen; vielleicht ist der Kläger selbst nicht in der Lage, sich über seinen Zustand Rechenschaft abzulegen. Er hat auch selbst ein Interesse daran, dass keine allzu hohe Summe

---

Summe angegeben wurde (hac ipsa quantitate — taxamus). Nach dem Wortlaut des Edikts durfte aber der Kläger auch eine niedrigere Summe benennen, nur keine höhere s. Huschke, Gaius p. 137, Rudorff, röm. Rechtsgesch. II p. 357 n. 12. Unklar Rudorff ibd. p. 356 n. 9: die Schätzung besorgt der Praetor, um ein doppeltes Judicium (?) zu vermeiden.

[1] Gai. IV 185 und dazu die überzeugenden Ausführungen von Lenel, Ed. perp. p. 69.

in der Formel erscheine, da seine eigene Haftung mit dem judicium contrarium sich auch nach derselben richtet. Dem Kläger genügt es, wenn die endgiltige Taxatio verschoben wird und jetzt gleichsam eine provisorische Schätzung vorgenommen wird, welche vom Beklagten im raschen Prozessgang eingetrieben wird, wenn er zum zweiten Termin für die definitive klägerische Schätzung nicht erscheint. Dies Verfahren erleichtert zudem den Abschluss eines Vergleiches: den Parteien, die bisher vielleicht nur über die Höhe der Abfindungsumme stritten, ist durch die praetorische Schätzung der Weg gewiesen.[1]

3. Ist nun — angesichts der verschiedenen Berührungspunkte der beiden Klagen — die δίκη αἰκίας geradezu als das Vorbild der actio injuriarum aestimatoria anzusehen?

Die Zeit der Einführung der actio injuriarum aestimatoria lässt sich nicht ermitteln. Man scheint darin einig zu sein, dass das Edikt älter ist, als die lex Cornelia de injuriis; diese habe die Lücken, die das Edikt gelassen hatte, ausgefüllt.[2] Die frühesten Spuren glaubt man bei Plaut. Asin. II, 104[3] zu entdecken[4]. Uebrigens sind allem Anschein nach

---

[1] Der Gedanke einer solchen Warte- oder Krisenfrist ist in der vergleichenden Rechtswissenschaft nicht ohne Parallele s. Kohler, chines. Strafrecht p. 41, und Ztsch. f. vgl. R. W. X p. 384 (japanesisches Strafrecht). Wenn die weiter unten (3) ausgeführte Ansicht richtig und ein Zusammenhang zwischen δίκη αἰκίας und actio injuriarum nachzuweisen ist, darf hier auch an die Bemerkung im Lexikon Seguerianum erinnert werden, nach welcher die δίκη αἰκίας vier Tage nach der That, bevor die Spuren der Schläge verwischt waren, eingeleitet werden musste.

[2] Huschke, Gaius p. 128. Pernice, Labeo II¹ p. 24, 35, Landsberg, Injuria und Beleidigung p. 36.

[3] Die Worte: pugno malam si tibi percussero, „Worte, die ganz wie ein scherzhaftes Citat klingen" (Lenel). Vgl. Gai. IV 60; Ulp. l. 11 pr. h. t. und Coll. II, 6, 4.

[4] Lenel, Ed. perp. p. 321 N. 4. Voigt, röm. Rechtsgesch. I p. 704 N. 19; a. A. Girard, nouv. rev. hist. XXI p. 264.

die einzelnen Ediktsbestimmungen nicht gleichzeitig entstanden; es ist bereits oben die Ansicht angenommen, dass sich das ursprüngliche (später General-) Edikt auf die Injuria im Sinn der zwölf Tafeln beschränkt, dass die Specialedikte erst allmälig hinzutraten und dass erst mit dem Aufkommen der letzteren und im Anschluss an diese sich die Ausweitung des Injuriabegriffes vollzog[1].

Die älteste Ediktsbestimmung würde sich danach auf Realinjurien beschränken und einen Begriff der injuria voraussetzen, der sich im wesentlichen mit der αἰκία des attischen Rechtes decken würde.

Die Wahrscheinlichkeit eines Zusammenhangs beider Klagen ist um so grösser, als die Eigentümlichkeiten des griechischen Vorbildes nicht für das römische Recht überhaupt, sondern nur für die Injurienklage übernommen wurden, so dass die Ausgestaltung der actio injuriarum innerhalb des römischen Rechtes eine Singularität darstellt. Man darf annehmen, dass Schlägereien auch in Rom nicht zu den Seltenheiten gehörten, dass es auch an Schlägereien zwischen Römern und Fremden nie gefehlt hat, ja mehr: dass solche zu allen Zeiten und von Anfang an im Fremdenprozess eine beträchtliche Rolle gespielt haben. Es ist gewiss auch kein Zufall, wenn Plato in seinen allgemeinen Erörterungen über die αἰκία noch besonders den Fall hervorhebt und erörtert, wo an der Schlägerei ein Fremder beteiligt ist.

Die Entwicklung wäre dann in dieser Weise zu denken: die actio injuriarum aestimatoria wird im Anschluss an die δίκη αἰκίας des griechischen Rechts im Edikt des Fremden-

---

[1] Man beachte, dass die Ediktbestimmung über das convicium nicht von injuria sprach; erst Labeo scheint das convicium als injuria bezeichnet zu haben (l 15 § 3 h. t.); er unterscheidet: injuria re, quotiens manus inferuntur; injuria verbis, quotiens non manus inferuntur, sed convicium fit (l 1 § 1 h. t.). Ungenau Landsberg (a. a. O. p. 35): der Praetor erkläre bei den Specialedikten, er werde „die actio injuriarum" geben.

praetors ausgebildet und von da in das Edikt des Stadtpraetors übernommen.

Für diese Erklärung spricht vor allem, dass die älteste Spur der actio injuriarum aestimatoria auf das Edikt des Fremdenpraetors führt; bei Plautus s. o. droht ein Peregrine mit Anstellung der Klage.[1] — Weiter spricht für die Herkunft der Klage aus dem Edikt des Fremdenpraetors das Vorkommen der Recuperatoren, auch im Bürgerprozess. Es erklärt sich am einfachsten durch die Annahme, dass Honorarformel und Recuperatoren zusammen aus dem Edikt des Fremdenpraetors in das des Stadtpraetors übernommen wurden.[2] Wlassak,[3] der im allgemeinen diesen Gedanken ausführt, glaubt gerade für die actio injuriarum etwas anderes annehmen zu müssen: die actio injuriarum aestimatoria sei eine Erfindung des Stadtpraetors, für die man die aus dem Fremdenedikt übernommenen Recuperatoren „zugelassen" habe. Der Bericht des Labeo bei Gellius XX 1, 13 nötigt aber durchaus nicht zu dieser Annahme; Labeo spricht nicht vom Stadtpraetor, sondern von den Praetoren:

praetores postea — —. injuriis aestimandis recuperatores se daturos edixerunt —

nichts hindert, diese Worte auf beide Praetoren zu beziehen.

Resultat: es ist in hohem Grade wahrscheinlich, dass die actio injuriarum aestimatoria aus dem griechischen Recht (δίκη αἰκίας) in das römische übernommen worden ist.

Die Annahme einer Abhängigkeit wird dadurch bestärkt, dass auch eine andere Injurienklage des griechischen Rechts, die γραφὴ ὕβρεως, Züge aufweist, die sich in gleicher Weise

---

[1] S. Voigt, römische Rechtsgeschichte I p. 704 N. 19. P. F. Girard, nouv. rev. histor. XXI p. 264 N. 1.
[2] S. Wlassak, Prozessgesetze II p. 310. Voigt, röm. Rechtsgeschichte I p. 160 N. 31, p. 704 N. 19.
[3] A. a. O. n. 29.

bei der actio injuriarum und δίκη αἰκίας constatiren liessen: die Schätzung und die Beschleunigung des Verfahrens (?). Angesichts der Erwähnung der Hybris bei Labeo (s. o. p. 54) mag es nahe liegen, die römische Klage unmittelbar mit der γραφή ὕβρεως in Verbindung zu bringen.[1] Die Anlehnung an die δίκη αἰκίας liegt aber doch näher: die γραφή ὕβρεως ist keine Privatklage; sie geht nicht notwendig auf Geldstrafe; die Beschleunigung des Verfahrens erwähnt nur ein Gesetz, dessen Aechtheit bestritten ist.

C. **Γραφή ὕβρεως und accusatio ex lege Cornelia.**

1. Es liegt nahe, nunmehr auch die γραφή ὕβρεως mit der öffentlichen Injurienklage des römischen Rechts, der accusatio ex lege Cornelia de injuriis zu vergleichen[2].

Ueber letztere ist den Quellen nur folgendes mit Sicherheit zu entnehmen:

Das Gesetz hat für drei Fälle: pulsare, verberare, vi domum introire eine quaestio perpetua eingerichtet; es ist von judicium publicum (l. 6) quaestio publica (l. 6), reus (l. 5 § 8) accusatus (l. 5 § 11), nominis receptio (l. 12 § 4 de accus. XLVIII 2) die Rede. Ulpian erwähnt (l. 5 pr.) Bestimmungen über die Zusammensetzung des Schwurgerichtshofs, die sich mit denen der lex Acilia repetundarum decken. Der verletzte Haussohn kann selbst klagen, die Klage ist nicht dem Vater erworben (l. 5 § 6);

---

[1] Dafür mag auch geltend gemacht werden, dass im materiellrechtlichen Begriff die ὕβρις (im Sinne der Ausführungen o. p. 41) der injuria näher kommt als die auf Schläge beschränkte αἰκία. Man denke an den Thatbestand der ὕβρις δι᾽ αἰσχρουργίας.

[2] S. besonders Huschke, Gaius p. 143 ff., Rein, Criminalrecht p. 370 ff. Rudorff, röm. Rechtsgesch. I § 42 p. 100 ff. Keller, Institutionen p. 148. Zumpt, Criminalrecht der röm. Rep. II, 2, p. 39 ff. Fritsche, sullan. Gesetzgebung, Essener Gym. Progr. 1882 p. 22 ff. Voigt, römische Rechtsgeschichte I p. 705 ff. Pernice, Labeo II° p. 14 N.

er braucht keine cautio ratam rem patrem habiturum zu stellen. (l. 5 § 7.) Der Kläger kann sich durch einen procurator vertreten lassen (l. 42 § 1 de proc. III 3). Der Kläger kann dem Beklagten den Eid zuschieben, ut juret reus, injuriam se non fecisse; der Eid kann anscheinend nicht zurückgeschoben werden (l. 5 § 8)[2, 3].

Alles übrige ist unsicher, vorab die Antwort auf die Fragen: wer ist zur Anstellung der Klage berechtigt? welche Strafe hat das Gesetz angedroht?

2. **Klageberechtigt ist anscheinend nur der Verletzte selbst**[4]. Man hat sich für diese Annahme namentlich auf die Möglichkeit der Bestellung eines procurator berufen; weiter darauf, dass die Klage regelmässig actio[5] genannt wird und geradezu als privata actio[6] bezeichnet wird. — Man kann weitere Argumente hinzufügen. Das Gesetz lässt als Kläger auftreten den, qui dicit se pulsatum esse, domum suam introitam esse. (l. 5 pr.) Die Klage wird als eine besondere Art von „injuriarum agere" dem „communi jure injuriarum agere" gegenübergestellt; sie führt ein publicum judicium herbei, welches „privatam causam continet", nicht „publicam exsecutionem habet" (l. 6,

---

[1] In nachclassischer Zeit wird diese Befugnis auf den Fall beschränkt, wo der Ankläger zur Rangklasse der Illustres gehört, Zeno in l. 11 C. de inj. IV 35.

[2] Hierzu Demelius, Beweiseid und Schiedseid p ...

[3] Eine weitere Bestimmung des Gesetzes wollen Fritsche p. 23 und Zumpt p. 47 in l 12 § 2 D. de accus. XLVIII 2 v. nisi suarum injuriarum causa erblicken. Gewiss mit Unrecht: injuria hat hier nicht die technische Bedeutung des injuria-Vergehens; gemeint ist nur: wenn einer klagt, weil er selbst der Verletzte ist; vgl. l. 11 D. de accus. XLVIII 2, l. 1 § 10 D. ad Sc. Turp. XLVIII 16, l. 16 § 6 D. ad leg. Jul. de adult. XLVIII 5, Collat. IV 5.

[4] So Rein, Huschke, Keller, Rudorff, Fritsche, Voigt, Pernice a. a. O.; ausserdem Salkowski, Instit.[7] p. 421. Girard, manuel[1] p. 393 und wohl auch Sohm, Instit.[6] p. 320.

[5] S. bes. l. 5 § 6: praetoria actio — [actio] legis Corneliae.

[6] L. 42 § 1 D. proc. III 3; l. 11 C. de inj. IX 35.

vgl. mit l. 7 § 1)[1]. In der Aufzählung der leges judiciorum publicorum bei Marcian l. 1 D. de jud. publ. XLVIII 1) fehlt die lex Cornelia de injuriis[2]. Die classischen Juristen schliessen ihre Erörterungen über dieses Gesetz an die Ediktsbestimmung an. Bedenken könnte der Eingang der l. 6 erregen: Die „publica quaestio" scheint hier wirklich die Anklagebefugnis nicht auf den Verletzten zu beschränken; es geschieht aber wohl nur ausnahmsweise, weil gerade in diesem Fall — bei einer Schmähschrift ist der Name des Geschmähten nicht genannt — bei der Erhebung noch gar nicht feststeht, wer der Verletzte ist[3].

Die Beschränkung des Anklagerechts auf den Verletzten verträgt sich freilich schlecht mit den Prinzipien des crimen publicum[4]; Modificationen der völligen Anklagefreiheit finden sich aber immerhin auch bei anderen crimina publica, im besonderen bei adulterium (lex Julia de adulteriis), wo Drittpersonen erst zur Anklage zugelassen werden, wenn der Verletzte binnen sechzig Tagen von seinem Anklagerecht keinen Gebrauch macht[5].

3. Die Frage, welche Strafe die lex Cornelia vorgesehen habe, wird von den Meisten umgangen; andere beschränken sich darauf, zu erklären, dass eine öffentliche Strafe vorgesehen sei. Besonders häufig wird verwiesen auf den Anspruch Marcians in l. 37 § 1 h. t.

etiam ex lege Cornelia injuriarum actio civiliter moveri potest condemnatione aestimatione judicis facienda.

---

[1] Die lex Cornelia in l. 7 § 1 a. E. ist die lex Cornelia de sicariis.
[2] Die Behauptung von Zumpt und Fritsche, dass die lex Julia judiciorum publicorum einen besonderen Vorbehalt für die lex Cornelia de injuriis gemacht habe, erledigt sich durch das oben p. 73 N. 3 gesagte.
[3] Vgl. die Worte: „quia difficilis probatio est", die nur auf das vorausgehende „nomen non adjectum" bezogen werden können.
[4] S. meinen Artikel crimen bei Pauly-Wissowa.
[5] Vgl. dazu Bennecke, strafrechtl. Lehre vom Ehebruch p. 8.

— 75 —

Dieses Fragment gibt über Strafe der lex Cornelia selbst gar keine Auskunft.[1] Es besagt vielmehr: wenn ein Thatbestand vorliegt, der die Erhebung der accusatio ex lege Cornelia rechtfertigen würde, so kann auf Grund desselben Thatbestandes — auch die civile Klage, actio injuriarum aestimatoria, angestellt werden; das Urteil geht dann auf eine durch richterliche Schätzung bestimmte Geldstrafe. Den Gegensatz zu „civiliter actionem movere" bildet das „criminaliter agere"[2]. Der Ausspruch ist nicht überflüssig. Für pulsare und verberare war allerdings schon durch das Edikt gesorgt; aber das Edikt sah das vi domum introire nicht vor, noch viel weniger die Thatbestände der Senatusconsulta, die als Ergänzungen und Nachträge zur lex Cornelia erscheinen. — Die lex Cornelia selbst hat diese Bestimmung nicht getroffen[3], sie ist jüngeren Datums, vgl. Ulp. in l. 7 § 6 und unten p. Aus l. 37 § 1 lässt sich nur negativ entnehmen, dass die Strafe der lex Cornelia selbst nicht eine condemnatio aestimatione judicis facienda war[4].

[1] Damit erledigen sich die Theorieen, nach denen die accusatio ex lege Cornelia selbst — neben der Intestabilität — auf „volle Geldentschädigung", auf „richterliche Aestimation" ging. So besonders Huschke p. 146, 147 und Rudorff l. p. 402. — Davon zu scheiden, aber nicht immer genügend geschieden, sind die Theorieen, nach denen die lex Cornelia lediglich für ihre Thatbestände die actio injuriarum anwendbar erklärte oder vorbehielt, s. Anm. 3. — Unklar Voigt: die lex Cornelia habe für nicht qualifizierte Injurien die praetorische Klage „einfach beibehalten." Eigenartig Leonhard, Instit. p. 452, der den Unterschied zwischen der praetorischen Klage und der Klage aus dem cornelischen Gesetz nur darin findet, dass bei letzterer „der Praetor auf die Höhe der Strafe keinen Einfluss ausübte."

[2] S. auch die Gegenüberstellung von delicta privata und criminaliter movere in l. 11 C. de inj. IV 35.

[3] Dafür dass die lex Cornelia dem Beleidigten die actio injuriarum aestimatoria gewährte Baron 249, Salkowski' p. 421. Girard 393. — Wohl auch Pernice p. 23.

[4] So auch Rein p. 373.

Eine Wirkung der Verurteilung war die **Intestabilität**. Ein Senatsbeschluss über Bestrafung eines carmen famosum bestimmt (l. 5 § 9): — uti agere liceret — — — et si condemnatus sit, qui id fecit, intestabilis ex lege esse jubetur[1]. Dass mit „lex" nicht der Senatsbeschluss selbst gemeint ist, liegt auf der Hand. Lex ist diejenige lex publici judicii, als deren Ausweitung sich der Senatsbeschluss darstellt; diese lex kann nur die lex Cornelia de injuriis sein, von der Ulpian unmittelbar vorher spricht. Ueber ergänzende Senatusconsulta vgl. meinen Artikel crimen bei Pauly-Wissowa[2]. — Die Intestabilität war in der lex Cornelia selbst vorgesehen[3].

Die **Intestabilität** war aber kaum die einzige Strafe des Gesetzes, sondern eine blosse **Zusatzstrafe**, wie sie denn auch in der lex Julia de adulteriis zu anderen Strafen als Nebenfolge hinzutritt[4]. Darauf führt schon der Wortlaut l. 5 § 9: si condemnatus sit, qui id fecit, intestabilis-esse jubetur. Die condemnatio kann nicht wohl auf die einfache Schuldigerklärung bezogen werden; man braucht sich nur an die Wendung „qui condemnatus fuerit" in den Infamiekatalogen zu erinnern.

Die **Hauptstrafe** des Gesetzes war m. E. **eine durch das Gesetz fixierte Geldstrafe**. Diese Lösung wird nahe gelegt durch die Gegenüberstellung der richterlichen aestimatio in l. 37 § 1 und verträgt sich sehr wohl mit allen übrigen Berichten der Quellen. Dass die Strafe fest bestimmt war und den Richter band, ergibt sich aus den Strafbestimmungen der übrigen cornelischen Gesetze und aus

---

[1] Vgl. auch l. 18 § 1 qui test. fac. XXVIII 1.
[2] Zur Formulierung von l. 5 § 9 vergleiche etwa l. 1 § 7 D. ad leg. Corn. de fals. XLVIII 10: senatus consultum — quo lege Cornelia tenentur.
[3] Dies wird auch angenommen von Rudorff, röm. Rechtsgesch. I p. 101, II p. 358, Huschke p. 147, Voigt p. 707, zweifelnd Keller p. 150, Geib, Lehrb. I p. 55; Beschränkung der Intestabilität auf carmen famosum: Baron p. 249.
[4] L. 20 § 6 D. qui test. fac. poss. XXVIII 1; l. 14 D. de test. XXII 5.

dem Geist der ganzen sullanischen Gesetzgebung. Die feste Strafe gehört zu den Kriterien des crimen publicum. Feste Geldstrafen finden sich auch sonst im öffentlichen Strafrecht dieser Periode: es genügt an die lex Fabia de plagiariis zu erinnern[1]. Vielleicht hängt es mit der gleichartigen Behandlung der lex Fabia und der lex Cornelia de injuriis und mit einer Verwechslung der beiden Gesetze zusammen, wenn bei Apuleius[2] der Verkäufer eines freien Mannes (si civem Romanum pro servo vendidero) sich gegen die „lex Cornelia" vergeht[3]. Auch Ulpian scheint in l 5. D. si ex nox. caus. II 9 vorauszusetzen, dass die den Freien treffende Strafe bei injuria immer condemnatio pecuniaria ist[4].

Man darf noch einen Schritt weiter gehen und annehmen, dass die Strafe auch insofern eine öffentliche war, als der Strafbetrag dem Staate zufiel, wie dies für die lex Fabia[5] feststeht — für die öffentliche Klage der lex Plaetoria[6] wahrscheinlich ist. Der Verletzte konnte sich hierüber nicht beklagen, da ihm ja freistand, an Stelle der öffentlichen Klage die Privat-

---

[1] L. 7. D. ad leg. Fab. de plag. XLVIII 15. Vielleicht gehört auch die lex Plaetoria hieher, vgl. Karlowa, röm. Rechtsgesch. II p. 307, Girard, manuel p. 222. — Geldstrafen, die auf einen Bruchteil des Vermögens des Angeklagten gehen, finden sich in der julischen Gesetzgebung, vgl. z. B. l. 1 pr. de leg. Jul. de vi priv. XLVIII 7 (Verlust eines Drittels und Infamie), l. 2 § 2 de leg. Jul. de annon. XLVIII 12, l. 1 § 1 de leg. Jul. ambit. XLVIII 14.
[2] Metam. VIII 24.
[3] Man vergleiche in l 1 D. de leg. Fab. de plag. die Worte: quo venditor quoque fit obnoxius, si sciens liberum esse vendiderit.
[4] M. E. unterscheidet die Stelle capitales actiones und injuriae und sieht für letztere als Strafen vor: verberatio für den Sklaven und condemnatio pecuniaria für den Freien; für erstere: supplicium für den Sklaven und vindicta (?) für den Freien.
[5] Ulp. in Coll. XIV 3, 5; vgl. Voigt, über die lex Fabia de plagiariis, Sitzb. d. Leipz. Akad. 1885 p. 330, Bruns, Ztsch. f. Rechtsgesch. III p. 344 ff.
[6] Karlowa II p. 307 spricht schlechthin von einer Geldstrafe, Girard p. 222 von einer amende.

klage zu wählen. Ein judicium publicum bei dem die gesetzlich fixirte Strafsumme dem Verletzten zufiele, ist nicht nachweisbar [1], der Ausdruck actio privata erklärt sich hinlänglich daraus, dass die Klage nur dem Verletzten zustand. Die Bemerkung, dass der Verletzte pro utilitate publica klage, erlangt prägnante Bedeutung, wenn die erstrittene Geldstrafe an den Staat fällt.

Man wird dieser Lösung des Problems m. E. nicht entgegenhalten dürfen, dass eine Gesetzgebung, die einmal — durch die Einführung der actio injuriarum aestimatoria — das System der festen Geldstrafen verlassen habe, zu demselben schwerlich mehr zurückkehren werde. Aber Sulla's Gesetzgebung ist bekanntlich in mehr als einer Beziehung reaktionär gewesen und — das ist die Hauptsache -- es handelt sich hier nicht um Privat- sondern um öffentliche Strafen.

Man hat an andere Strafen gedacht [2]. Rein [3] denkt an die in der sullanischen Gesetzgebung mehrmals verwendete aquae et ignis interdictio. Die Strafe erscheint aber zu hart, wenn man bedenkt, dass auch verhältnissmässig leichte Injurien unter das Gesetz fallen [4] und dass anderseits für schwere Fälle, Verwundung in tötlicher Absicht, Verwendung von Waffen, die Verfolgung nach der lex Cornelia de sicariis offen stand. — Voigt [5] will zwischen qualifizierter und nicht qualifizierter Injurie unterscheiden, die accusatio beschränkt er auf die erstere, Strafe: manus praecidere. Das Gesetz macht die von Voigt getroffene Unterscheidung nir-

---

[1] Anders liegt die Sache bei dem crimen repetundarum.
[2] Liszt, Strafrecht 8 p. 323 spricht von „peinlicher Strafe", ohne sich über die Art derselben auszusprechen.
[3] Rein, Criminalrecht p. 373.
[4] So bereits Keller, Inst. p. 148; man erinnere sich der Definition des Ofilius (l. 5 § 1): verberare = cum dolore caedere; pulsare = sine dolore caedere.
[5] Voigt, röm. Rechtsgesch. I p. 706.

gends; an die Strafe des manus praecidere wird niemand glauben, wenn nicht bessere Gewährsmänner als Seneca (Controversiae) und Quintilian (declamationes) angeführt werden.

4. Eine Vergleichung mit der γραφὴ ὕβρεως ergibt:

Der accusatio ex lege Cornelia fehlt ein charakteristisches Moment der γραφὴ ὕβρεως, die Freigebung der Anklage an jedermann. Die accusatio nimmt zwischen dem reinen öffentlichen Strafverfahren (crimina publica) und der civilprozessualen Verfolgung (delicta privata) eine Mittelstellung ein; sie erinnert darin an γραφὴ ἰδία ὕβρεως, die im attischen Recht von den gewöhnlichen γραφαί getrennt und neben die δίκαι gestellt wird. Und wenn auch unsere Betrachtungen oben [2] ergeben haben, dass die überlieferten positiven Bestimmungen nicht unterscheiden, ob die γραφὴ ὕβρεως vom Verletzten oder vom Dritten angestellt wird, so bleibt doch die Frage offen, ob nicht bezüglich anderer Punkte Sonderbestimmungen über die γραφὴ ἰδία ὕβρεως existirten, mit denen die prozessualischen Besonderheiten der accusatio ex lege Cornelia zusammenhängen könnten [3]. — Darin stimmen, wenn die Ausführungen oben p. 37 das richtige

---

[1] Die Strafe findet sich allerdings, aber soweit ich sehe, immer nur als militärische: Cato bei Front. Strat. IV 1, 16, Caes. bell. Gall. VIII 44, Val. Max. 7, 11. Sie passt in keiner Weise zu dem Strafsystem der Cornelischen Gesetze und hätte wegen ihrer Eigenart gewiss deutliche Spuren hinterlassen. — Wäre die Strafe wirklich nachweisbar, so wäre sie, wie anderwärts, eine Anwendung des Talionsgedankens, nach welchem die Strafe an dem Glied, mit dem gesündigt wurde, vollzogen wird. Vgl. l. 5 pr: omnem injuriam, quae manu fit, lege Cornelia contineri. Zur Talionsidee: Günther, Wiedervergeltung I p. 129.

[2] S. o. p. 50.

[3] Man könnte versucht sein, die Besonderheit der Eidesbestimmung (l. 5 § 7), die von der lex Cornelia dann auch in das practorische Edikt übernommen wurde, auf einen solchen Einfluss zurückzuführen. Der Eid findet sich allerdings, bei der δίκη αἰκίας.

treffen, die öffentlichen Injurienklagen hier und dort überein, dass die erkannte Geldstrafe ganz an den Staat fällt.

Die Ausgestaltung der öffentlichen Klage im römischen Recht entspricht wohl der Erscheinung, die die γραφὴ ὕβρεως regelmässig bot: Der Verletzte klagt. Verfahren und Gerichtsverfassung nach den Grundsätzen des Strafprozesses. Strafe eine Geldstrafe, die an den Staat fällt.

D. Die δίκη κακηγορίας und die rechtliche Behandlung der Verbalinjurie im römischen und deutschen Recht.

1. Die κακηγορία des griechischen Rechts zeigt in der rechtlichen Behandlung wenig Verwandtschaft mit der Verbalinjurie des römischen Rechts. Auf zwei Berührungspunkte ist bereits verwiesen worden; darauf, dass 1) im attischen, wie im älteren römischen Recht die Verbalinjurie abseits von der Realinjurie steht; 2) dass die geschichtliche Entwicklung einsetzt mit der Bestrafung eines — durch die besondere Publizität der Begehung — qualifizierten Falles (carmen famosum der zwölf Tafeln — Bestimmungen Solons).

2. Im übrigen erinnert die κακηγορία weit mehr an germanisches als an römisches Recht.

Aus dem germanischen Recht[1] kennen wir Verzeichnisse von Schimpfwörtern (Schelte) mit ihren Straftarifen.

---
[1] Vgl. über dieses im allgemeinen Wilda, Strafrecht der Germanen p. 785 ff. Köstlin, Ehrverletzung nach deutschem Recht, Ztsch. f. deutsch. Recht XV 151, 364 ff. Brunner, deutsche Rechtsgeschichte II p. 671 ff.

[2] Auch die besondere Behandlung der durch die Publizität der Begehung qualifizierten Injurie findet sich wieder. Das südermannländische Recht scheint eine Bestrafung der Verbalinjurie nur dann zu kennen, wenn diese in einer öffentlichen Zusammenkunft begangen worden war, Wilda p. 791. — In anderen Rechten tritt bei öffentlicher Begehung Erhöhung der Busse ein, so nach Gutálagh von drei Unzen auf drei Mark (vor Kirchspiel, Volksversammlung, Gericht). Wilda p. 790, Köstlin p. 170.

Der Gesetzgeber kommt der subjektiven Empfindlichkeit zuvor; er bestimmt selbst, welche Ausdrücke überhaupt als ehrverletzend anzusehen seien. Er setzt die Strafe für die einzelnen Scheltworte fest, so dass ein Vergleich dieser Strafansätze eine Skala der nationalen Empfindlichkeit ergibt. Am nächsten kommen dabei dem griechischen Recht die nordischen Rechte: hier wie dort eine kleine Zahl der reprobierten Worte und Einheit der Strafe. So erwähnt das Gutalagh im 51. Kapitel „von unduldbaren Worten" (die ἀπόρρητα[1] des attischen Rechts) 4 bezw. 5 Vorwürfe vor und droht für alle 4 (5) Fälle dieselbe Strafe 3 Unzen bezw. 3 Mark an. Wie im griechischen Recht spielt dabei der Vorwurf der Feigheit eine besondere Rolle;[2] die lex Salica erwähnt ausdrücklich das Schildwegwerfen: si quis alteri reputaverit, quod scutum suum jactasset.[3]

Dem römischen Recht fehlt, soweit wir sehen, etwas analoges durchaus. Dagegen findet sich die germanische Behandlung der Verbalinjurie in den italienischen Statuten des Mittelalters.[4]

Auch darin decken sich griechisches Recht und deutsches Recht, dass jeder Versuch einer Abgrenzung zwischen Schimpfwort und Verleumdung fehlt. Es galt gleich, ob die Beleidigung „durch Beilegung einzelner schimpflicher Benennungen geschah, welche ein solches Urteil einschlossen, und Thatsachen voraussetzen liessen, welche es begründeten — oder durch direkter und ausführlicher ausgedrückte Vorwürfe und Behauptungen." (Wilda p. 786). Wie im griechischen

---

[1] S. o. p, 24.
[2] Köstlin p. 171: „als der schimpflichste Vorwurf scheint überall der eines Feiglings gegolten zu haben." Brunner p. 672. Wilda p. 791. Nach isländischem Recht hat der Gescholtene hier sogar das Recht sofortiger Tötung, Brunner p. 674.
[3] Cap. XXX, 6 (ed. Geffcken). Auffallenderweise ist dafür nur eine Busse von 3 solidi angeordnet, nicht mehr, als wenn man einen vulpecula oder homo concacatus nennt. Köstlin p. 173, Wilda p. 789.
[4] S. Kohler, Stud. a. d. Strafrecht, Heft IV p. 383 ff.

Recht (s. o. pg. 27) wahrscheinlich das Schimpfwort ἀνδροφόνος rechtlich gleich behandelt wurde, wie der Vorwurf πατέρα ἀπεκτονέναι, so erschien es auch hier gleichgültig, ob man einen als „Hexe" schalt oder etwa behauptete „Frau ich sah dich auf einer Zaungerte reiten, die Haare gelöst und in einer Hexe Gewand, als es war gleich zwischen Nacht und Tag[1]."

E. Haftung des Herrn für Injurien des Sklaven.

1. Besonderer Erörterung bedarf die durch einen Sklaven verübte Injurie.

Ulpian commentiert in l. 17 § 4 D. h. t. eine Bestimmung des praetorischen Edikts[2], welche für die Injuria eine actio noxalis vorsieht, „sicut ex ceteris delictis datur". Er bemerkt dabei

„sed in arbitrio domini est, an velit eum verberandum exhibere, ut ita satisfiat ei qui injuriam passus est; neque erit necesse domino utique eum verberandum praestare, sed dabitur ei facultas, praestare ei servum verberandum, aut si de eo verberibus satis non fiat, noxae dedendum, vel litis aestimationem sufferendam."

Dem Herrn des Sklaven wird somit ein dreifaches Wahlrecht eingeräumt 1) servum verberandum exhibere, 2) servum noxae dare, 3) litis aestimationem sufferre. Die gewöhnlichen Fakultäten des Beklagten (2 u. 3) sind also um eine weitere (1) vermehrt[3]: er kann die üblichen Folgen

---

[1] Wilda p. 786, Grimm, Rechtsaltertümer p. 646.

[2] Die Erscheinung, dass das griechische Recht hier dem germanischen Recht näher steht als dem römischen Recht, fällt nicht zu sehr auf. Dieselbe Erscheinung ist auch auf anderen Gebieten schon bemerkt worden, s. Hitzig, griech. Pfandrecht (1895) p. 80 N. 1, p. 89 N. 1, p. 94 N. 2, p. 104 N. 1, Bücher, Entstehung der Volkswirtschaft, 2. Aufl. (1898) p. 104 („das griechische Pfandrecht stimmt in allen wichtigeren Punkten mit dem älteren deutschen überein."), Pernice, Ztsch. d. Sav. Stiftg. XVII p. 222 ff.

[3] Vgl. Lenel, Ed. perp. p. 323, 324.

[4] Dass es sich um eine Besonderheit der actio injuriarum noxalis handelt, ergibt l. 17 § 4 D. h. t. (sicut ex ceteris delictis — sed in arbitrio est) und l. 5 D. si ex nox. caus. II 9 (injuria — ceterae noxales causae).

der Noxalklage abwenden, dadurch, dass er den Sklaven verberandum praestat.

Ja, es muss gerade dieser Möglichkeit eine besondere Bedeutung zukommen; da Ulpian gegen eine Ansicht polemisiert, nach welcher dieses verberandum exhibere erzwungen werden konnte (v. neque erit necesse domino utique praestare etc.).

Wahrscheinlich hat man in dieser eigenartigen Verpflichtung die Haftung des Herrn vor Einführung der actio injuriarum noxalis zu erkennen. Als letztere in das praetorische Edikt Eingang fand, verstattete man dem Herrn die Wahl, sich nach dem alten oder dem neuen Recht behandeln zu lassen. Prozessualisch gestaltete sich die Sache wohl nach Art einer actio arbitraria, so dass die normale Condemnatio der actio noxalis unterblieb, wenn vor dem Urteil der Beklagte arbitratu judicis den Sklaven zur Prügelung auslieferte.[1]

Die actio injuriarum noxalis ist anscheinend jungen Datums; von den einzelnen Bestimmungen des Edikts de injuriis ist sie, wie sie auch an letzter Stelle steht, die jüngste. Dass Labeo sie gekannt hat, wird durch l. 17 § 7 wahrscheinlich gemacht, nicht bewiesen. Dagegen ist die Bestimmung jünger als das sog. fragmentum Atestinum, das injuria und furtum nebeneinander erwähnt, die Noxalklage aber nur für das letztere zu kennen scheint[2].

Andrerseits weist das verberandum exhibere die Züge eines alten Institutes auf. In der körperlichen Züchtigung des Beleidigers bricht deutlich noch der Gedanke der Rache,

---

[1] Vergl. Lenel, Ed. perp. p. 324. Die Ansicht von Rudorff Ed. perp. § 193, der die drei Fakultäten auf dieselbe Linie stellt, erledigt sich durch das im Text gesagte. — Dass die normale actio noxalis an sich keine actio arbitraria ist, betont Girard, nouv. rev. hist. XI (1887) p. 448.

[2] Vgl. dazu Mommsen, Hermes XVI p. 39. 40. Girard, nouv. rev. hist. XIV (1890) p. 700 N. 1 und manuel 2. Aufl. p. 663 N. 1.

der persönlichen Genugthuung durch, wie denn auch ausdrücklich als Zweck der verberatio angegeben wird: ut verberibus satisfiat ei qui injuriam passus est (Ulp. l. 17 § 4 D. h. t.), ut verberibus de injuria satisfiat (Ulp. l. 5 D. si ex nox. II 9). So weist die actio noxalis injuriarum auf die Anfänge der Noxalhaft zurück, von denen sich anderwärts — bei anderen Delikten — die actio noxalis freigemacht hat[1].

Dass gerade bei der injuria ein solcher Ueberrest sich erhielt, ist begreiflich, wird doch gerade bei diesem Delikt besonders betont, dass auch die ordentliche Strafverfolgung (gegen den Freien) Rache und Genugthuung bezwecke.[2]

Nach der Ediktsbestimmung erfolgt die Exhibition vor dem Richter; der Richter bestimmt das Mass der Schläge (modum verberum imponit). Die Schläge werden ursprünglich wohl — der Idee der Rache entsprechend — vom Verletzten selbst erteilt. Ulpian bringt die in dieser Züchtigung liegende satisfactio unter den Gesichtspunkt einer remissio injuriae.

Ob diese eigenartige[5] Haftung durch Gesetz, etwa durch die zwölf Tafeln selbst, vorgesehen war, lässt sich nicht entscheiden. Dagegen ist wohl auf sie verwiesen in

---
[1] S. Girard, a. a. O. p. 699.
[2] Paul l. 6 h. t. (vindicari); Ulp. l. 7 § 1 h. t. (ut vindicetur), l. 15 § 35 h. t. (inulta injuria), l. 17 § 22 h. t.; l. 8 pr. D. de proc. III 3 (ulcisci injuriam) Paul. l. 2 § 4 D. de collat. XXXVII 6 (vindictae persecutio). Vgl. auch Cic. pro Caec. 12, 35 und dazu Keller, Sem. p. 464 ff.
[3] Man kann hier verweisen auf die Durchführung der Talion im Falle des membrum ruptum, die vom Richter nur angeordnet und controlliert (Gell. XX 1, 38: judex talionem imperat), dagegen vom Verletzten vollzogen zu werden scheint; vgl. Voigt, XII Tafeln I p. 534 N. 7. Günther, Idee der Wiedervergeltung I p. 126.
[4] In l. 17 § 6 ist statt [arbitratu] „alicuius" wohl mit Mommsen zu lesen: „illius." — „Alicuius" ergeben freilich auch die Basiliken LX, 21, 16; sie beziehen aber die ganze Stelle auf den Fall, wo der Sklave zum Zweck der Folterung *(ἐπὶ τῷ βασανισθῆναι)* ausgeliefert wird.
[5] Ein ähnliches Wahlrecht zwischen servum noxae dare und castigare erwähnt Paulus in l. 24 § 3 D. de min. IV 4: wenn ein Sklave einen minor hintergangen hat (circumscripserit), wird gegen den Herrn

dem Vorbehalt, den die lex Cornelia de injuriis für Sklaven[1] macht. Dass sie sich so lange erhielt, hängt damit zusammen, dass in der Kaiserzeit die eindringende Cognition die Injuria des Sklaven in ähnlicher Weise behandelt: servi flagellis caesi dominis restituuntur (Hermog. l. 45 h. t.)[2]; hier wird natürlich die Execution von staatlichen Organen besorgt[3].

2. Spuren dieser eigenartigen Behandlung der Injuria des Sklaven finden sich auch im griechischen Recht.

Ueber die Lehre von den Noxalklagen vgl. Meier-Schömann-Lipsius II p. 653, Beauchet IV p. 390 und meine Besprechung des letzteren Ztsch. d. Sav. Stiftung XVIII p. 192.

Plato, dessen Ausführungen über Noxalhaftung sich -- wo wir sie controlliren können — an das positive Recht anlehnen, spricht im neunten Buch der Gesetze zweimal von Delikten von Sklaven; 879 A: ein Sklave verwundet im Zorn einen Freien (δοῦλος ἐάν τις ἐλεύθερον τρώσῃ); 882 A: ein Sklave schlägt einen Freien (ἐάν τις δοῦλος ἐλεύθερον τύπτῃ). Im ersten Fall (Verwundung) muss der Eigentümer den Sklaven dem Verwundeten herausgeben, damit dieser mit ihm mache, was er wolle (χρῆσθαι ὅτι ἂν ἐθέλῃ), gibt er ihn nicht heraus, so muss er den Schaden selbst ersetzen[4].

---

eine Klage gegeben: quod ad eum pervenerit, restituere jubendus, quod non pervenerit, ex peculio eorum praestare; si ex neutro satis fict, et dolus servi intervenerit, aut verberibus castigandus aut noxae dedendus. Es liegt nahe, dies mit den im fragmentum de formula Fabiana stehenden Worten [P]laetoriae noxales zusammenzustellen, wie dies Girard p. 699 N. 1 thut. Aber es bleiben doch so viele Zweifel übrig, dass eine Verwertung für das im Text gesagte nicht ohne weiteres zulässig ist.

[1] Venul. l. 12 § 2 D. de accus. XLVIII 2: item Cornelia injuriarum servum non debere recipi reum, Cornelius Sulla auctor fuit; sed durior ei poena extra ordinem imminebit.

[2] Vgl. Paul. Sent. V 4, 22.

[3] Ulp. l. 9 § 3 D. h. t.: praesidi offerendus est, qui eum flagris rumpat vgl. Ulp. l. 15 § 39 h. t.

[4] Man vergleiche dazu die Mysterieninschrift von Andania, Dittenberger, Syll. inscr. Graec. 388 Z. 75—78.

— Im anderen Fall (Schläge) dagegen wird der Sklave dem Beleidigten von den Beikommenden übergeben, er fesselt ihn, erteilt ihm soviel Schläge wie er will, ohne aber dem Eigentümer dadurch Schaden zuzufügen; dann gibt er ihn gefesselt an den Eigentümer zurück, der ihn gefesselt lassen soll, bis der Geschlagene sich mit der Befreiung einverstanden erklärt („bis der Sklave den Geschlagenen überzeugt hat, dass er würdig sei, ohne Fesseln zu leben") [1].

Während sonst der Sklave schlechthin oder wenigstens zum Abverdienen ($εἰς ἀπεργασίαν$) dem Verletzten ausgeliefert wird, erhält er ihn hier nur ganz vorübergehend, nur zum Zweck der Erteilung körperlicher Züchtigung.

Im positiven griechischen Recht finden sich wenigstens Spuren solcher Behandlung. Dass die Prügelstrafe recht eigentlich Sklavenstrafe war, steht fest [2]. — Bereits oben wurde bemerkt, dass das attische Recht den Prozess gegen den Sklaven, der einen Freien wörtlich beleidigt hat, an die Thesmotheten weist, während für die $δίκη$ $κακη\-γορίας$ gegen einen Freien anscheinend anderen Behörden die Gerichtsvorstandschaft zukommt [3]. M. E. ist diese Verschiedenheit der Competenz auf eine Verschiedenheit der Strafen zurückzuführen. Die $δίκη$ $κακηγορίας$ gegen den Freien ist auf Zahlung einer Geldstrafe von 500 Drachmen gerichtet; würde nun bei Kakegorie eines Sklaven gegen den Herrn eine Noxalklage in demselben Sinne wie bei der $δίκη$ $βλάβης$ (Zahlung dieser Strafsumme oder noxae dare) gegeben, so wäre ein Wechsel der Gerichtsvorstandschaft kaum erklärlich. Aber man nahm hier wohl Anstoss, den Herrn auf die Summe von 500 Drachmen zu verurteilen in einem Fall,

---

[1] Das letztere erinnert an Paul. sent. V, 4, 22 (in Cognitionsverfahren): servus — flagellis caesus sub poena vinculorum temporalium domino restituitur.
[2] S. oben p. 48 N. 1.
[3] Arist. St. d. Ath. LIX 5, und oben p. 33; Poll. VIII 88.

wo ihn selbst keine Schuld traf und der Beleidigte keinen Schaden erlitten hatte. Die Genugthuung musste hier auf anderem Wege erfolgen. Sie wird ohne Schädigung[1] des Eigentümers erreicht, dadurch dass dem Sklaven die Prügelstrafe appliziert wird. Dies schien nun aber über den Rahmen einer gewöhnlichen Privatklage hinauszugehen und blieb wohl deswegen, als die Mehrzahl der Privatklagen den Thesmotheten genommen wurde, bei ihnen zurück[2]. Die Verwandtschaft mit der γραφὴ ὕβρεως und die Idee der cura morum[3] mag dazu beigetragen haben. — Eine ansprechende Vermutung von Wilamowitz[4] bringt die Bestimmung in Zusammenhang mit dem Verbot des τύπτειν τὸν δοῦλον (s. o. p. 43); die von den staatlichen Organen angeordnete Prügelstrafe tritt an Stelle der früher zulässigen, jetzt verbotenen Selbsthülfe[5]. Ob die Prügelstrafe von der Obrigkeit selbst oder unter Controlle derselben vom Verletzten vollzogen wurde, oder aber dem Eigentümer des Sklaven aufgegeben wurde, selbst die Strafe zu vollziehen[6], wage ich nicht zu entscheiden; die beiden ersteren Lösungen sind zum mindesten nicht unwahrscheinlicher als die letzte.

Ausdrücklich erwähnt wird die Verpflichtung des Herrn, den Sklaven zu körperlicher Züchtigung (εἰς κόλασιν) herauszugeben in einer leider unvollständigen Inschrift[7] aus Syros. Die Inschrift ist im Ἀθήναιον Bd. III p. 643 abgedruckt. Es handelt sich um Wettläufe zu Ehren einer Göttin und Uebertretung der dafür geltenden Vorschriften; durch solche Ueber-

---

[1] Man vergleiche die Betonung dieses Punktes bei Plato oben p. 86.
[2] Als „ein Rudiment ältester Zeit" betrachtet diese Competenz der Thesmotheten auch Wilamowitz, Aristot. u. Ath. p. 245 N. 120.
[3] S. oben p. 46.
[4] S. N. 2.
[5] Plato (oben p. 86) hat Selbsthilfe, aber eine solemnisierte Selbsthülfe: der Sklave wird von den Beikommenden dem Verletzten ausgeliefert.
[6] So Wilamowitz a. a. O.
[7] Diese überaus interessante Inschrift ist noch gar nicht verwertet.

tretungen werden Phylen verletzt (ἀδικοῦνται); Strafandrohungen: wenn der Thäter ein Sklave (Z. 2 ff—7) ist, soll er am Tag nach der That öffentlich auf dem Markt ausgepeitscht (μαστιγοῦν) werden; dabei sollen ihm zwei Männer, die die beleidigten Phylen aus ihrer Mitte auswählen, hundert Schläge erteilen[1], der Herr aber soll hundert Drachmen zahlen, die der Göttin geweiht sein sollen; wenn der Herr aber den Sklaven nicht herausgibt zur Züchtigung (κόλασις), soll er zweihundert Drachmen zahlen; ist der Thäter aber ein Freier (Z. 7 ff.), so zahlt er hundertfünfzig Drachmen, die der Göttin geweiht sein sollen; er soll als ἱερόσυλος (Tempelräuber) und ἐναγής (Frevler) gelten und ... (das Folgende ist unsicher). — Hier begegnet geradezu das Wahlrecht des Herrn zwischen Herausgabe und Haftung auf eine Geldsumme; daneben das besondere, dass in reduzirtem Betrag (100) der Herr unbedingt, auch wenn er den Sklaven herausgibt, haftet[2]. Die Züchtigung wird vom letzteren selbst bzw. dessen Mandatar vorgenommen, aber coram publico.

3. Im Anschluss hieran mag auch eine weitere Besonderheit des griechischen Rechts im Gebiete der Noxalklagen Erwähnung finden. P. F. Girard hat in seiner tief eindringenden Untersuchung über die Noxalklagen[3] auf eine eigentümliche Verwendung des Instituts hingewiesen, die sich bei afrikanischen Völkerschaften gefunden hat: der Sklave beschädigt einen Dritten, im Einverständnis mit diesem; gegen den Eigentümer wird die Noxalklage angestellt; dieser

---

[1] Vergleiche die Worte: εἰ μὲν δοῦλος εἴη τυπτόντων δύο, οὓς ἂν ἐξ αὐτῶν ἕλωνται αἱ ἀδικηθεῖσαι φυλαί. Da weiter unten (11) zwei Phylen erwähnt sind, wird jede einen auswählen.

[2] Auch diese Erscheinung lässt sich anderwärts nachweisen, s. für Delikte von Sklaven lex Sal. 35, 5 (der Herr zahlt die Hälfte der compositio aus, an Stelle der anderen wird der Sklave ausgeliefert); häufiger finden sich solche Combinationen bei Schädigungen durch Tiere s. Girard, nouv. rev. hist. XII (1888) p. 53, Brunner, deutsche Rechtsgesch. II p. 555, Isay, Jahrb. f. Dogm. XXXIX p. 267.

[3] Nouv. rev. hist. XI (1887) p. 409 ff. XII (1888) p. 31 ff.

wird, wenn ihm die zu zahlende Geldentschädigung zu erheblich erscheint, den Sklaven noxae dare; der Sklave kommt dadurch in die Gewalt des Verletzten, in die er kommen wollte [1]. Dass ein solches Vorgehen auch in Rom möglich war, ist sicher, aber die römischen Juristen beschäftigen sich mit dem Fall nicht. Umso interessanter ist, dass Plato[2] in unmittelbarem Anschluss an die Darstellung der Noxalklagen nicht nur das Manöver, sondern auch eine gegen dasselbe gerichtete Strafbestimmung erwähnt. Im Falle der Verwundung eines Freien durch einen Sklaven gewährt er die Noxalklage (s. o. p. 85); dann fährt er fort: wenn aber der beklagte Eigentümer behauptet, es liege ein Manöver ($\mu\eta\chi\alpha\nu\dot{\eta}$), eine Abmachung ($\sigma\upsilon\nu\vartheta\dot{\eta}\varkappa\eta$), zwischen dem Sklaven und dem Verwundeten vor, so soll dieser Vorwurf durch Prozess erledigt werden; unterliegt der Eigentümer, so hat er den (vom Sklaven angerichteten) Schaden dreifach zu ersetzen; siegt er, so haftet ihm der Gegner, der mit dem Sklaven colludirte ($\tau\epsilon\chi\nu\dot{\alpha}\zeta\omega\nu$ $\mu\epsilon\tau\dot{\alpha}$ $\tau o\tilde{\upsilon}$ $\delta o\dot{\upsilon}\lambda o\upsilon$) wegen Sklavenraubes ($\dot{\alpha}\nu\delta\rho\alpha\pi o\delta\iota\sigma\mu\dot{o}_{\varsigma}$).[1] — Da Plato sich in der Erörterung der Noxalklagen an das geltende Recht zu halten scheint, mag auch diese Bestimmung dem positiven Rechte angehören.

[1] XII p. 55 ff., vgl. manuel' p. 662 N. 1.
[2] Plato Gesetze IX 879 A.
[3] $\dot{A}\nu\delta\rho\alpha\pi o\delta\iota\sigma\tau\dot{\eta}\varsigma$ ist sowohl derjenige, der freie Menschen raubt und in Sklaverei bringt, als auch derjenige, welcher Sklaven ihren Herren raubt ($\dot{\alpha}\pi\dot{o}$ $\delta\epsilon\sigma\pi o\tau\tilde{\omega}\nu$ $\dot{\alpha}\pi o\sigma\pi\tilde{\omega}\nu$ $\epsilon\dot{\iota}\varsigma$ $\dot{\epsilon}\alpha\upsilon\tau\dot{o}\nu$). Lex. Seguer. 219; Meier-Schömann-Lipsius I p. 275 N. 209.

www.ingramcontent.com/pod-product-compliance
Lightning Source LLC
Chambersburg PA
CBHW032244080426
42735CB00008B/1002